「きょうだい」の上手な育て方

日本妈妈的两个孩子养育课

好妈妈跟我学
全球教子智慧

[日]金盛浦子◎著
王筱敏◎译

中国经济出版社
CHINA ECONOMIC PUBLISHING HOUSE
·北京·

译者序

初拿到此书时，我家娃刚刚满一周岁。一年之间我每天又要上班又要给娃喂奶，简直累得要趴在地上吐舌头了。最近几年，很多明星大腕纷纷生完大宝生二宝，“爸爸去哪儿”中的JOE和GRACE让人羡煞不已，所以总有人问我：“你们两口子是双独，什么时候要二宝啊?”我每次都会瞪着被硕大的黑眼圈包围的眼睛回答：“我好累啊，让我先缓一缓吧。”

随着政策的放开，要二孩已经成为街里街坊最热的话题之一。我们80后这一批人普遍都是独生子女，从小到大我只见过一个朝鲜族的同学有哥哥，当时真是羡慕得很啊。而我的妈妈来自一个有7个兄弟姐妹的大家庭，她有时会感慨："要是当初能再给你生个弟弟妹妹陪你玩就好了，我闺女小时候太孤单了。"我开始还蛮感动于我妈想给我生个小玩具，可是后来想明白了，要是有弟弟妹妹的话，妈妈就不会那么疼我了吧。

话虽如此，想要二宝的念头一直萦绕在我脑海里，我却苦于无人问询。对于爸爸妈妈那一代人来说，多一个孩子不过是饭桌上多加一双筷子这么简单。可是自从我有了宝宝，我发现不仅花钱如流水，而且深深体会到，给孩子良好的教育和持续的陪伴才是最重要的事。我很怕生了二宝，就冷落了我的大宝宝，我更怕生了二宝，却没有能力培养好两个孩子。

从怀孕时起，古今中外的育儿宝典我读了个够。崔玉涛、郑玉巧自是不在话下，可是他们的书主要讲的是婴幼儿生理保健，却鲜有书涉及亲子心理，以及如何应对家有二宝的情况。

《日本妈妈的两个孩子养育课》这本书对我来说，如同天降甘露一般。虽然作者是个日本人，但是我发现天下的妈妈都是一样的啊！每个妈妈都会面临同样的育儿困惑啊！我不禁边读边感慨："这位金盛浦子女士太了不起了，她怎么那么理解我们这些年轻妈妈的心啊！她怎么就那么了解我们所面临的担心和恐惧！她给出的解决方法真是既简单又实用啊！咱们国内要是也有这样能让妈妈们互相交流，提供心理指导的地方该有多好！"

我每天翻译，每天都有收获。回到家里也和老公交流，我们知道父爱和母爱是无限的，无论我们工作再艰苦，生活再繁忙，都要每天坐下来陪孩子玩耍嬉戏。尤其父亲更要每天花至少十分钟亲亲娃、哄哄娃，培养培养感情。真是不可思议，就像金盛浦子女士书里说的，孩子的心里有个天平，他/她有多爱妈妈，就会多爱爸爸。现在，每当看到宝宝和爸爸一起玩，我就会想到，孩子将会成为我们夫妻感情之间一条新的桥梁。因为翻译了这本书，我对镜梳妆的时间也比刚生完孩子那阵儿长了。因为我知道，只有妈妈感到幸福了，才会带给孩子和家人更多的幸福。

虽然我现在还没有将生二宝的计划提上日程，但是我心里已经有底了。无论老天能否眷顾我再给我一个孩子，我都不会慌张，也不会恐惧了。您恐怕也和我一样，正在为是否要二孩而举棋不定吧。或许您已经得到了老天眷顾，得了双胞胎或者生了二宝，正左拥右抱俩娃，疲惫不堪吧。我相信，您只要读了这本书，一定也会和我一样收获颇丰的。

最后，感谢为翻译本书做出贡献的杨劲松、佟晓威、王振华、王淑梅、孟可、滕晋莹、王淑芝、欧阳等朋友。

王筱敏

2015 年 9 月于北京

前言

你在之前一直养育一个孩子，而现在第二个孩子要出生了。

你一定有点担心吧，要操心的事情也变得多了。

其实，养育一个孩子已经很辛苦了，现在要开始养育两个孩子了，作为妈妈你能不能撑得住啊？

虽然老大现在已经不用那么操心了，可能会帮你减轻点负担，但是妈妈要在老二身上花太多心思，这样会不会让老大心理失衡呢？

你能不能让老大、老二不打不闹，能不能让兄弟姐妹的感情十分融洽和亲密呢？

再想想将来，两个孩子需要不少的教育费，真是有点担心啊，你能不能公平地将老大、老二都好好地培养出来呢？

有点担心，有点不安，有些牵挂……妈妈纷乱的心思真是难以理清啊！但是拥有两个孩子，也令妈妈心里更加踏实，开心的事情也有很多呢！

有兄弟姐妹的孩子，肯定会心理更加健康，更具有承受能力。

如果妈妈能够善于引导哥哥、姐姐，他们就能担当起照顾弟弟、妹妹的责任。在老大的帮助下，家长肩上的负担可能轻许多呢。

第二个孩子出世之后，家里会变得更和睦，当然也更拥挤了。屋檐下，孩子们欢快的笑声不绝于耳，他们都是父母的珍宝。你的人生也从此变得更丰富多彩了。

让我们把生二胎的烦恼和欢乐放在心灵的天平上称一称吧。对于那些正犹豫“现在，是再生一个孩子呢，还是就算了呢”的妈妈，这本书一定会给你及时而准确的参考。对于担心“很快就要生下老二了，真是有些慌了神”的妈妈，这本书正好能够帮助你，为你提供很多好点子、好方法。

无论是对老大还是老二，只要你想把孩子培养成为一个乐观向上、健康快乐的孩子，这本书一定会是你的好帮手。

目录

第一章　要让孩子知道，拥有兄弟姐妹是多么值得高兴的事情

第二章　让孩子发展各自的个性，培育美好心灵

第三章 家长要理解老大的不满，也要理解老二的不满

第四章 怎么做才能让妈妈和孩子们都得到幸福

第一章

要让孩子知道，拥有兄弟姐妹是多么值得高兴的事情

当第一个孩子降生，我们和这个小生命初次相见时都会无比激动，这种喜悦很难用语言表达，只觉得全身的细胞都在高喊万岁，一起享受着这份感动。

而紧接着就要开始养育孩子了，每每思至于此，我们多少有些不安。初为人父和人母，每一天都要面临新的挑战、新的状况，我们常常会手忙脚乱，不知所措。

即便如此，成为父母也是我们漫漫人生道路中最重要的一段旅程，孩子带给我们的喜悦和感动也是从其他任何事情中都无法获得的。

品味了这样的幸福，感受了这份独有的美好，于是，你有时就会这么想，如果再有一个孩子就再完美不过了。

如果说 10 年是一个时代，现在回想起来，自从成了一个母亲，我已经走过了 30 年。30 年前的我年富力强，生养了三个孩子，分别是两个儿子和一个女儿。

有人问我那时很辛苦吗？当然，我现在回想起来仍然觉得当时是很辛苦的。可即便如此，我还是觉得养育三个孩子让我的生活变得十二分的多彩，那些辛苦与之相比简直微不足道。

曾经，我也是一个失败的母亲，力不从心的时候数不胜数，顾及不到的事情说都说不完。即使到现在，我还会常常想到“啊！我那时对这个孩子做了那样的坏事啊！”或者“我让那个孩子有过那么不愉快的经历啊！”让我后悔莫及的事真是比比皆是。

但是，也许正是因为有兄弟姐妹的缘故，在我没有照顾周全的地方，孩子们可以相互照应，一天天成长起来。

孩子多了，妈妈确实要花更多的心思，耗费更多的精力。但是我现在回头看看，最想告诉你“没关系的！”无论我们遇到怎样的困难，都无大碍，通过努力总能克服。

这不是歪理，首先，请你坚信“无论怎样都会过去的”，这一点尤为重要。事实的确如此，无论母亲遇到怎样的问题，孩子都是会平安无事地长大成人的。

虽然每次都能找到解决问题的办法，但我们的应付永远都没有最好，只有更好。

本书试着探索找到更好的解决之道，为父母保持更好的心态出谋划策。

接下来，让我们从第二个孩子还在妈妈肚子里开始说起吧。然后我们会谈到孩子出生、哺乳期的事情。每当我们谈到相应的时期时，我会结合具体事例来讲述你会面临的情况、你的状态及应对方法。

☆无论多小的孩子都能够理解的道理

孩子们都是天真无邪、单纯可爱的。也正因如此，孩子们总是很难体会到父母的想法。我们经常会听到孩子一脸天真地说“哎呀！我好想有个妹妹啊！”或者“你给我生个弟弟吧”，对于他们来说，弟弟妹妹就像玩具一样。

每当这时，你该怎样回答呢？

“你什么都不懂，别老说这些没用的话！”如果你这么回答，很可能在孩子们的内心留下让你意想不到的创伤。要知道孩子们是多么的天真无邪，如果你能够看到他们的内心深处，就会知道他们是多么渴望能实现这个愿望。

我建议，下次如果孩子再这样说的时候，妈妈不妨这样回答：

“嗯，你说的是啊。妈妈也想给你生个小弟弟或小妹妹。要是再怀上了小宝宝，我也会很高兴的。”

这个时候，坐在一旁的父亲最好一边颔首一边微笑，一切尽在不言中。

得到父母这样的回复，孩子们就会变得很激动，十分期待弟弟妹妹的到来。

不过，这些都只是美好的愿望，如果最终事与愿违怎么办？请不要担心。父母，尤其是母亲，可以给予孩子更多的关爱，让他们的心灵越来越丰满。这样无论发生什么事，无论结果是如何的，孩子都能欣然接受。

渐渐地，妈妈的年龄也在增加，身体没有出现任何变化，孩子们就不会再期待了。但即使这样，家长也不要用“你什么都不懂，少管闲事！”这样的话来搪塞孩子。当然，孩子还小，家长也没必要对他们解释清楚为什么没有再生小孩。

最重要的是，亲子互相理解，产生共鸣。如果孩子十分想要弟弟妹妹，可以告诉他“爸爸妈妈也很想再要个小孩呢”。要让他知道爸爸妈妈也和他有一样的想法。这样即使现实不遂人愿，孩子在心理上也能得到满足。

这种方式可以塑造孩子健康的心理（实际上这与成年人心理结构的基础是相同的），同样可以应用在老二出生之后父母营造兄弟姐妹之间融洽的关系。这种方式甚至可以在孩子青春期，乃至之后的青年时期独自面对问题时，来协调亲子关系、兄弟姐妹关系。

有一天，孩子会渐渐意识到妈妈肚子里装着一个小人呢，他们一定会很好奇。

“妈妈，你会生个什么样的小孩呀？”

稍微大点的孩子一定会问这个有趣的问题。这时妈妈一定要毫不犹豫地回答：“我要生个十分可爱的孩子呀！TA一定会是一个特别喜欢你的孩子。”

孩子对从父母口中说出的话，都会毫无疑问全盘接受。“哦，这样啊，我好期待啊！”这样孩子的心里会是一片万里无云的晴空。

通过爸爸妈妈的一句话，孩子们早早地意识到，他们有一天会成为哥哥姐姐，在心理上已经做好了准备。

更美好的是，这些爸爸妈妈所说出的话、产生的想法，全部会原封不动地传递到腹中胎儿的心中。

这其实就是最好的胎教，胎儿待在妈妈肚子里，感受到外界各种各样的信息和变化。妈妈可以对腹中的孩子说："你真是个可爱的好宝宝。你的小哥哥、小姐姐可高兴了，大家都在等着你的到来哦！"这些话语就是请他们来到世上的最棒的邀请信。

能够将自己的感受大声说出来的父母是最幸福的，能够听到父母亲幸福的宣告，孩子们也是最快乐的。当然包括你膝前的孩子和腹中的胎儿。

☆妈妈所有的喜悦与烦恼都会传递给孩子

另外，你可能知道，其实人类的内心是个“万能的接收器”。特别是对于感情变化的感知，接收异常灵敏。而我们所说的话，可能只是对于内心接收器的动态补充。

人类的感情，比如喜悦、幸福感，或者反面的不安、担心以及焦虑，当我们听到这些词汇时，我们的内心都能敏感地捕捉到其背后深层的感情。

而对于孩子们来说，他们内心接收器的天线永远是指着妈妈的方向的。这么说可能会让很多男士有些不舒服，但是无论爸爸如何对子女爱护备至，对于孩子来说，尤其是幼儿时期的孩子内心接收器的天线，永远是随着妈妈内心的波动而同步波动的。

因此，孩子的内心，永远和妈妈的感情步调一致。如果妈妈感到快乐，孩子也会感到快乐；如果妈妈觉得内心充满了幸福，那么孩子的心也会被幸福所包围。

反之，如果妈妈觉得不安、担心，那么孩子的内心也会步调一致地感到同样的不安和担心。如果妈妈十分焦虑，那么孩子也会觉得无所适从、怅然若失。

因此，如果身怀六甲的妈妈有这样的担心："真的会没问题么？我能不能养育好这个孩子呢？抚养一个孩子已经够累的了，再多一个孩子，我该怎么办啊？我会撑不住啊！"当妈妈为那么多杂乱的思绪所烦恼时，老大也会同时感受到你的不安，他/她对再有个弟弟妹妹的事儿也会产生不安的情绪。

"原来妈妈要再生一个小弟弟小妹妹是那么辛苦啊！"

"现在我们平静和睦的生活可能会被打破呢！"

"那样的话，我可有点不高兴了！"

"再有个小弟弟小妹妹，我的幸福也会减少了！"

妈妈偶尔愁眉苦脸的话，你们家老大很可能会产生这样的消极思想呢！开始对小弟弟小妹妹产生不欢迎的情绪了。

当一个不受欢迎的小生命诞生之后，甚至这种不欢迎情绪从他/她诞生前就开始了，兄弟姐妹之间的感情已经有了一个不好的开端，那么等他们真正相处起来，恐怕也不会和睦吧。

但是，请各位孕妈妈不要过于担心。每当身怀胎儿的时候，可能总产生担心焦虑的情绪，左思右想、心神不宁都是常有的。

所以当你们正处于这种焦虑的情绪时，一定要安抚自己的心：

“没关系的！总会有办法的。没有那么多要担心的事。”

“我的肚子越来越大了，肚子里的孩子顺利地成长着呢！”

“幸福在我的身体里不断地累积。”

“呼——”你可以做个深呼吸，把浑浊的气体吐出去，让清新的空气吸进你的身体。循环往复，你可以一边做深呼吸，一边反复劝解自己，让内心得到平静。

这样一来，你所有的不安、担心、焦虑都会

“嘶——”地全部随着呼气排出你的身体。再随着吸入和呼出反复交替，你的身体和内心都会注满幸福感和安全感。

之后就不用我说了。孕妈妈内心充盈的喜乐会原封不动地传递到孩子心里，你腹中的胎儿也会通过朝向你内心的天线原封不动地接收到这一切。

其实，爸爸也会完完全全地体会到妈妈的心思和感受。当发现孕妈妈眉头深锁的时候，爸爸会关切地询问：“怎么了？没关系的，没什么可担心的。”如果丈夫能够以足够的耐心善解人意地给予孕妈妈支持，那就太好了。

☆ 请好好享受第二个孩子带来的幸福吧

当你的肚子越来越大的时候，不妨让老大过来摸摸你的肚子。他/她快要成为小哥哥或小姐姐了，妈妈可以让他们用小手摸摸妈妈的肚子，感受一下尚在腹中的小胎儿已经会自己动动手动动脚了。

“啊！他/她在动呢！”

“对啊，你感觉到他/她在动吧。小宝宝很健康呢，真想看看他/她的小脸蛋啊。”

请你想象一下当时的场景吧，老大眼里一定闪烁着惊喜的光芒。要知道无论是多小的孩子，当他/她面对一个神秘的新生命时，都会充满了兴趣，内心激动。

“妈妈，小宝宝会从哪里出来呢？”

你一定会听到孩子这么问你的。这时候，你不妨耐心地解释给孩子听。

“小宝宝到时候就会从这里生出来，你当时也是从妈妈这里生出来的。”

这也不失为一个“早期性教育”小课堂。孩子不会持一点怀疑，也不会感到有任何的神秘感，就能理解这个生理现象。而且，孩子可能自己说不出来，但是可以意识到，并且能理解：

“哎！我和这个小宝宝是一样的，都是在妈妈的肚子里长大的，然后从这里生出来的。所以我们才是真正的兄弟姐妹啊！”

要说起来，最近我就亲眼见证了一个了不起的场面。

我的一个熟人家里有一个快 5 岁的小女孩，名字叫美子。美子小朋友的妈妈，已经怀孕 7 个月了。这个时候孕妈妈的肚子已经很壮观了。

“妈妈，你怀的是个小男宝宝，还是个小女宝宝啊？”

“哦，是哪个呢？你是喜欢小男孩还是小女孩啊？”

“嗯……我也不知道呀……”

我这个朋友在医院检查时，大夫问过她：“你现在想知道孩子的性别么？”朋友立刻摇头：“我现在还不想知道。”她觉得无论是男孩还是女孩，都是上天的眷顾，所以愿意带着期待的心情，等孩子出生的时候再给自己一个惊喜。美子小朋友还不能理解妈妈的这层想法，所以她一定是一边说着不知道，一边绞尽脑汁的在想，到底是小弟弟好还是小妹妹好呢。

“妈妈，我能摸摸你的肚子吗？”

她的妈妈暂时中断了和我的聊天，转过头对美子笑眯眯地说：

“嗯，好的，宝宝现在正在动呢。”

“啊！真的啊！肚子真的在动呢！”

“是小宝宝在动呢。来，你把耳朵放在妈妈肚子上听一听。”

美子小朋友可能听不到小宝宝心跳的声音，但是妈妈肚子里小宝宝呼吸的声音，一定能够传到她的耳朵里。

“喂？你听到了吗？我是你的姐姐。你赶快出来和我玩吧。姐姐等着你哟！”

这是多么美好的画面啊！不对不对，这个情境里

让老大听一听小宝宝在妈妈肚子里

呼吸的声音。

其实还蕴含一些语言难以形容的深意。美子小朋友和她的妈妈，一定会重复这样的对话。日积月累，美子小朋友的心里、妈妈的心里，以及腹中小宝宝的心里，一定是充满了幸福的感觉的。

“这个孩子啊，就是这样的一个孩子！”

“你说的这样的一个孩子是什么意思啊？”

我向朋友打探道。

“她呀，把花种撒到花盆里之后，就会每天对着小花盆说话呢。喂，你快点长出来呀！一定要开出美丽的鲜花呀！就是这样的一个孩子。”

一直在一旁沉默不语的爸爸，忽然也插嘴进来。

“要是说美子是这样的孩子，倒不如说她其实和你是一模一样的。美子啊，总是把你每天的样子原汁原味地模仿下来了。”

我对美子爸爸的话了然于心。美子的妈妈十分喜欢鲜花，种花的时候会自言自语地说两句，浇水的时候也会对着花儿说话。她是一个心地非常善良、说话非常温柔的人儿呢。

“哎哟，真是这样啊！我原来那么喜欢自言自语啊！”

美子小朋友马上接话：

“对啊，妈妈总是会这样做呢！”

你看，妈妈的心是什么样子的，美子小朋友内心的接收器也会调整，和妈妈是在同一个频率上的。

☆ 让老大具有当哥哥、姐姐的觉悟？这是不必要的！

如果孩子在童年时代没有建立良好的亲子关系，那么一生中他能获得幸福的可能性就会很小。有一次，一位叫亮子的小姐找到我来做心理咨询。

亮子小姐一边回忆小时候的情形，一边对我说：

“我比弟弟大 5 岁，所以，我对弟弟小时候的事情记得很清楚。”

那个时候，她的父亲工作不顺利，家庭生活十分困难。亮子小姐母亲的心理状态也十分不稳定。

“我的妈妈总是很焦虑的样子，得知怀了弟弟时一点儿也没有高兴。我对这点记得很深刻。”

“哎哟喂！人这一辈子什么好事也碰不上！”

至今，亮子小姐耳畔仍然回响着妈妈当年的口头禅。

“在弟弟出生之前，妈妈总是对我说：‘你马上就要当姐姐了，要是不好好听话不行啊！我们不能像以前那么老宠着你了。以后你要作为家里老大，负起责任来了啊。’”

妈妈每天都这么唠叨，亮子小姐从小开始就有了以下坚定的看法：

“是啊，我不能再像小孩子一样了，我是家里的长女，要好好听话。妈妈要生小孩了，生孩子太辛苦了。”

虽然她小小年纪就有这样的觉悟了，可是她并不清楚到底应该怎么做。其实她只是个四五岁的小孩子，能有什么能力呢，有这样的觉悟会让她的内心有什么变化呢？

让她不再像以前那样在父母面前撒娇了？让一个这么小的孩子有这样的想法，家长未免太残忍了些。孩子小时候就应该承欢父母膝下，在他们的关爱下，孩子才会有一个健康、充实的心灵。而一旦父母的宠爱被夺走，小孩子该多么痛苦，他/她的心灵也会扭曲。

让她树立一个做姐姐的觉悟，告诉她要准备好照顾弟妹？而其实为人兄姐的心理，并不是靠别人的命令才能形成的。孩子们最善于做的是观察妈妈的做法，然后照猫画虎地模仿下来。作为家长不需要教导孩子具有什么样的觉悟，而应该通过自己的言传身教影响孩子。当看到妈妈耐心细致地照料小小的婴儿，在他/她身上倾注十分的热情时，老大就会自然而然地意识到自己是小哥哥、小姐姐了，要像妈妈一样照料小弟弟、小妹妹。

“我现在啊，根本不可能要小孩了。”

在亮子小姐的心中，这已然成了一个解不开的心结。

“当妈妈生了弟弟以后，我就被要求不能再做一个小孩子了。爸妈可能没有明确地这么说，但是我确实有这样的感觉，所以我其实非常讨厌弟弟。我觉得妈妈不喜欢我了，也对妈妈关上了心门。我总觉得要是妈妈没有生弟弟，我就会一直幸福地生活下去了。甚至直到现在，我还抱有这个想法。”

通常当家里第二个孩子出生之前，父母会先给老大打个预防针：

“你马上就要当小哥哥、小姐姐了，你得做个好榜样啊！”

其实父母可能只是希望手足之间的感情更加牢固，但是，当小孩子听到父母这样的说法后，他们小小的内心却是无所适从的。爸爸妈妈说了，要让我坚强，让我做个好榜样，让我有做小哥哥、小姐姐的觉悟……孩子不能违背父母的意愿，也不愿违背父母的意愿。他们只得拼了命地去想，去努力完成父母的心愿。

虽然他们想按照父母要求的去做，但是实际生活中他们却并不知道该怎么做。其实，无论孩子到了什么年纪，只要是在父母身边生活着，幼儿、小学生、初中生甚至高中生都是希望得到父母的关爱的。

“妈妈马上就要生弟弟妹妹了，所以你要有自觉当哥哥姐姐的意识了。”

当父母要求老大有这样的觉悟时，实际上还暗含着以下这个意思：

“妈妈生了老二以后，就不能像以前那样照顾你了，也不能像以前那样宠爱你了。”

那么，家长要求老大要有当哥哥姐姐的自觉，暗

含的意思就是“你要是当了哥哥姐姐，我们对你的爱就要少了”。这实际上无异于对孩子宣告，父母要减少对于他们的爱。

其实话说回来，当第二个孩子出生之后，真的就不能对老大宠爱如常吗？

所以，我建议各位妈妈，在一番深思熟虑之后，不妨对家里的老大说这样的话：

“你马上就要当小哥哥、小姐姐啦！像你这么懂事、这么好的孩子，一定能成为一个很棒的小哥哥、小姐姐的。没关系的，不用担心！”

这样一来，与其强硬地要求孩子树立起觉悟，要自觉，不如用温柔的话语培养孩子内心的爱，让他们逐渐进入哥哥、姐姐的角色中去。

☆每天拥抱孩子 10 分钟，就可以温暖他的心

“你这么说倒是有点道理，但是……”

身怀老三的智子女士嘟囔着：

“虽然你这么说，但是母亲的爱毕竟不是无限的，一个人能应付的事情也是有限的。我觉得要是再生一个孩子，老大肯定需要处处谦让弟弟妹妹了。”

如果从物理学的角度来说，确实存在这样的问题，给予这一个孩子的多了，给予另一个的自然就少了。但是如果我们从心理学的角度来看，我敢肯定地说，这种问题是绝对不会存在的。

为什么我会这样说呢？这是因为，母爱其实是无限的！

智子女士又说了：

“要是本身缺乏母性本能的话，可能就不见得了吧。就拿我来说，我就不是那种母爱满满的人，现在照顾两个孩子我已经很费劲了，要是再生了老三的话……”

是这样的么？我要说，其实并不是这样的。我心里虽然这样想着，但仍然一边颔首，一边诱导她多表达一些：“说的是呢，抚养三个孩子确实很辛苦呢。”

智子女士果然又开口了：

“我生了老二之后，哎呀，真的累得不行啊！我们家老大就是个小磨人精，两个孩子成天在家里叽里呱啦地闹个不停。哎哟，把我累得一点喘息的工夫都没有。”

照智子女士这个情况，要是再多一个老三，她确实会不由地叹口气啊。

当我们说到这样的话题时，可能有的读者会忍不住批评她了。

“说到底，关键都是因为丈夫不能分担育儿的责任！一说到子女的养育，全都一股脑地交给女性来承担，当然把妈妈们都累坏了。”

“现在社会和以往不同了，家庭不再是几代人住在同一个屋檐下，就靠夫妻两个人组成核心家庭。如果丈夫不帮忙的话，单靠妈妈怎么能养大孩子啊！这么说的话，女性才是受害者！”

确实，我没有办法否定这样的说法，因为这样的情况确实是存在的。但正因如此，高声斥责、大声疾呼并不能解决实际问题。

因此，这样的主张是站不住脚的。另外我们可以设想一下，如果妻子对丈夫提出要求，请他们协助照顾子女，请他们帮一把手的话，这个世界上到底会有多少丈夫会立刻欣然应允，挽起袖子就干呢？

我可不是想让各位都不要指望爸爸来育儿。实际上有很多的父亲都是充满爱心，能够积极协助妈妈一起抚养孩子的。但是如果有的爸爸表面看起来对育儿的事情不够积极，那么妈妈不妨当面向爸爸表示，希望能够得到他的一些帮助，自己就能减轻很多的负担。鼓励爸爸参与到育儿中来才是比较好的办法。

对于智子女士的情况，我给了她以下的建议：

“你现在一边要准备迎接老三的出生，一边又要为两个幼儿操心，确实可能辛苦一点。所以你不妨下一点点工夫，用一些办法，可能会有不错的效果。”

妈妈可以试试在分别和两个孩子单独相处的时候，创造只属于母子两个人的十分亲密的时光。其实每天给每个孩子独处的时间只需要 10 分钟，妈妈要忘掉周遭所有的事情，只关注眼前这个孩子，亲吻他/她，紧紧地拥抱他/她，好好地疼爱他/她。

如果妈妈能够这样做的话，那么每个孩子心里都会很踏实。当孩子的心里安定了之后，就会减少给妈妈添麻烦了。

区区 10 分钟，两个孩子每天也就 20 分钟而已。妈妈需要做的就是把全部的心思放在孩子身上，而孩子也会因此全部的回报给我们。当孩子能少制造些麻烦，不让妈妈操心，妈妈也能因此获得属于自己快乐的休闲时光。

“情感的经济学”在很多地方都和金钱的经济学非常相似。

“我现在忙得很，可没时间只照顾这一个孩子！”如果妈妈总是这样想，而吝啬于付出对孩子的关爱，孩子们的内心总是填不满，他们会非常渴望妈妈的关心。孩子们会更加撒娇耍赖，更频繁地向妈妈索要更多的宠爱。于是，亲子关系总是处于孩子索取一点，妈妈给一点爱，孩子再索取一点，妈妈再给一点爱这样的状态，就像“骑自行车一样的情感”，骑一下，车子才会前进一点。妈妈永远只是点滴地给予关怀，那么孩子的心就永远无法填满，永远渴望更多的宠爱。

但是，妈妈只要每天都能好好地宠爱一下孩子，哪怕只有10分钟的时间，母子之间的感情就像储蓄一样，母亲把自己的感情投资给孩子。当妈妈真的能够把自己全部的心思和关怀都献给这个孩子，你会发现，孩子其实特别容易满足，而满足的孩子也会把“爱的利息”奉献给妈妈。

“我作为妈妈，对孩子的爱是无限的！”

如果你坚信母爱的无限力量，那么就一定能够在每一天找出两小段时间，把孩子紧紧地抱在怀里，关心他/她，爱护他/她，好好享受只属于你们两个人的时光。

智子女士也是一点一点地掌握了这个技巧，每天分别和两个孩子享受一小段亲子时光。也正因如此，在她家老三出生的时候，家里两个大孩子心里都非常平静。智子女士的心当然也不再焦虑不安，全家人一起满心喜悦地迎接新生儿的到来。

☆ 请相信情感丰富的老大的内心吧

让我们暂时换一个话题。

有关“爸爸进入产房，陪伴妈妈生产是好是坏”的话题，我们可以听到各种各样的观点。按男士们的说法，他们可能会有一些令女性难以理解的复杂心态。

“近距离观看女性分娩，对男人的刺激可能太过强烈了，恐怕会影响以后的夫妻生活。”

“孩子诞生那一刻的感动，是我一辈子都不会忘记的！”也有不少男性会这么说。

但是无论怎样，每个人的想法都是不同的，不能要求所有的男性都接受“男人进产房”的请求。对于这个问题夫妻二人应该好好讨论一下，如果双方都能接受自然不错，如果意见不统一，也没必要硬要求丈夫进产房陪护。

男人不进产房就说明不够爱妻子吗？当然也没这回事。这可不是一个爱得多爱得少的问题，而是不同的习惯、个性和经验形成不同看法的问题。无论是夫妻之间，还是家庭成员之间，谁对谁都不应该有强制性要求。

对于是否让家里的老大进产房陪伴妈妈生产的话题，也有各种各样的观点。有很多人说，参与妈妈生产的过程、见证自己的弟弟妹妹出生瞬间的孩子，能够更深刻地认识到什么是兄弟姐妹，也会对生命的庄严，更加心存敬畏。

但是，请家长一定尊重孩子的意愿，不要强迫孩子进产房。家庭成员之间和亲子之间应该是最温和的关系，也正因如此，孩子参与妈妈生产过程的体验就会成为他们作为小哥哥小姐姐的良好开端。即使孩子没有进入产房，只要家庭成员之间能够充分交心，孩子一样会感谢生命的奇迹，欢迎弟弟妹妹的到来。

如果妈妈生产过程中没有任何问题，在小宝宝降生于世之后，家长不妨让家里的小哥哥小姐姐尽早抱一抱初生的小婴儿。可能大人会觉得小孩子毛手毛脚的，抱弟弟妹妹挺危险的。其实只要大人伸出手来协助孩子，就一点危险也没有。

如果小哥哥小姐姐对小宝宝抱了还想再抱，可以暂时让他们和妈妈、小宝宝睡在一张大床上，享受一下手足亲情。

“小宝宝好可爱对不对？这就是你的弟弟/妹妹啊。他/她一定会特别喜欢你。你来和爸爸妈妈一起，照顾这个小宝宝好不好？”妈妈可以这样引导孩子。在妈妈温暖、亲切的怀抱里，孩子也会意识到，从今天开始我就要真正成为一个小哥哥/小姐姐了。

“你看，妈妈给你生了一个这么可爱的小弟弟/小妹妹。但是妈妈呀，还是觉得你是最可爱的，妈妈好喜欢你，对你的爱是一点也不会少的。你不要担心啊！妈妈一点也没有改变呢，我还是最爱你的妈妈！”

当孩子在妈妈的怀抱里听到这样的话语，他/她的心里该有多么的满足，多么的踏实！

请大家来试着想象一下吧，在这样的场景之中，谁是最幸福的人？

你一定知道的。那个刚刚生下小宝宝的妈妈，那个正把大孩子紧紧抱在怀里的妈妈，那个对两个孩子

有两个可爱的孩子真是一件幸福的事情！

都爱意连连的妈妈，才是这个场景里的主角，是正在享受至高幸福的那个人啊！

有两个孩子真是一件两全其美的好事啊！即使有些事情要操心，但是，当妈妈两手怀抱着幸福的花朵，一定会觉得“没问题的”！

“没关系的！无论出了什么问题，都一定有办法的！”

其实真的是这样的，我们与其杞人忧天地为将来发愁，倒不如珍惜此时此刻的感动、此时此刻的幸福。人生的意义其实就是每一个当下、每一个幸福、每一个感动的积累。

养育子女的意义其实也是一样的，我们不管未来如何，只要能找到当下的幸福，那就足够了。“你看，咱们家有爸爸，有妈妈，有你，还有这个新生的小宝宝。我们在一起，一家人多幸福啊！”

“嗯，是啊。我们是一家人啊！”如果家里的老大有这样的想法，那你作为妈妈就很成功啦，他/她一定能成为一个很棒的小哥哥或小姐姐的。

在此之后，我们可以放心地让孩子参与到育儿的过程中来。其实孩子的心啊，要比家长想象的更深更感性。如果妈妈能够继续给予老大不变的关爱，孩子能够充分地感受到妈妈的关怀，他们也会因此变成合格的小哥哥、小姐姐的。

请各位妈妈一定要相信大孩子的心哟！

接下来，我们的人生就要进入一个新阶段了。你作为母亲，从此要开始抚养两个孩子，面对各种各样的新情况了。

在下一章里，我将一一列举大家将会面临的情况，来展开相关的话题。

第二章

让孩子发展各自的个性，培育美好心灵

☆公平地去爱两个孩子很难吗？不难！

众所周知，新生儿是全世界最可爱的孩子。

所以啊，虽然这话不能和家里的老大说，但是基本上每个妈妈都会有这么一个时期，觉得“和大孩子比，果然还是小宝宝更可爱啊！”有这样的想法也是理所当然的。

在这个时期妈妈们还会有另一种心理，就是产生一种自责，觉得自己“只顾着疼爱小宝宝，而忽视了家里的老大了”。其实这都是正常的。

其实，参照人的心理活动方式，妈妈与其过分在意自己的情绪而自责烦恼，倒不如顺理成章地接受自己的心理变化，这样一来事情就会顺畅很多。

“啊，就是这样的啊！每个新生的小婴儿都是最可爱的，叫妈妈怎么能不爱不释手呢。这些都是人之常情，没什么需要自责的。”如果妈妈能够接受这样的观点，那么与家里老大的相处也会更和谐。

有一位叫晴香的妈妈在这一点上做的有点失败，我来给大家讲一讲她的故事。晴香女士在生下老二之时，自己暗暗做了个决定：“我一定要公平地养育两个孩子，公平地爱两个孩子！”

然而对于晴香来说，这个决定可实在有点勉为其难。在讲她的故事前我先要插个话题：其实父母和孩子也要看是否投缘。每个家长和每个孩子的个性特点都不相同，如果这个孩子恰巧和妈妈个性相投，那么妈妈就会格外地宠爱他；反之同理，有的孩子和家长可能就没有那么亲近了。尤其当家里的老二还是一个襁褓里的小婴儿，没有显现出什么个性特点，妈妈总是自然而然地对小宝宝倾注更多的关爱，这也都是正常的。

但是如果都像晴香女士一样，硬性要求自己“一定要公平对待两个孩子”的话，其实会产生很多的麻烦。

“我总是觉得很憋闷，无论怎么做都做不到完全公平，每天都烦得很啊！”

正因为她做了一个强人所难的决定，给自己的心套上了一个沉重的枷锁。

“虽然我很想给老大公平的爱，可是我的心总会偏向老二。这样可不行啊，我已经做好决定了一定要不偏不斜地对待两个孩子。可是我总是特别烦躁，不知不觉地就对老大冷冷地敷衍了。”

其实这也是意料之中的，要求自己完全公平的话，肯定会出现这个现象。

当晴香女士试着让自己接受“婴幼儿时期是很特殊的时期，这个时期里大人肯定会认为尚为小婴儿的老二是最可爱的”这样的观点后，她就轻松了许多，她心里的枷锁也被打开了。

“我一直想给老大公平的爱，其实问题就出在这‘公平’二字上了。其实硬要自己对两个孩子完全一碗水端平是没道理的，所以我之前才会一直非常烦躁、非常痛苦。当我解开这个心结之后，和两个孩子的相处就变得轻松快乐了。”

她的问题就是想给予两个孩子 100% 的绝对公平，这其实限制了她的心灵。而且，这也不只是在育儿时会发生的情况，在我们的人生中，“绝对公平”其实是一条夺走我们心灵平静的咒语。由于根本做不到“绝对公平”，因此我们会产生自责的感觉，由于一直有这样的负面情绪，所以我们难免烦躁不安，内心也难以平静。

“刚生完老二是一个特别时期，妈妈肯定会觉得初生的孩子最可爱了，这是很自然的。妈妈不妨顺从自己的心，关心宠爱老二，同时也对老大继续关心就可以啦！”当我们把观念转变过来后，就一定能够取得很好的效果。

“我在和老大相处时，不再觉得烦躁不安，那些公平不公平的想法早就飞到九霄云外了。

“真是不可思议啊，我发现当我解开心结之后，觉得和两个孩子相处一点也不费劲了，我觉得我们家老大其实也特别可爱呢。”

对！其实和两个孩子相处就是这么简单！妈妈完全可以一边宠爱着胖乎乎的婴儿老二，一边也关爱承欢膝前的老大。这是因为我们人的心啊，总是以与表面不同的方式，向着好的方向运动着呢。

☆ 要认同孩子与众不同的天赋

接下来请允许我把话题岔开一下。

我有一个朋友，她非常喜欢狗。恰好在今年春天她喜得小宝宝时，她的狗也生了一窝小狗仔，整个家一下子发生了翻天覆地的变化。

您可能觉得我这个人可真是的，明明是在讲人类养育子女的事，怎么这么不谨慎地开始讲生小狗的事了？

其实不然，狗是一种情感非常丰富的哺乳动物。养育幼犬的阶段是非常短暂的，在此期间所发生的故事可不亚于人类抚育子女呢。

我那个朋友养的是大型犬，一窝就生了 9 只小狗仔。狗妈妈诞下这么多只小狗，总共的分娩时间长达十几个小时。小狗出生之后，都拱来拱去找奶吃，仿佛在上演一部求生的好戏。不知不觉中，朋友那只整天备受宠溺的爱犬，也无师自通地开始照顾一窝小狗，俨然一副英雄母亲的派头。我们每当看到这样的场景，总会备受感动。我的朋友夜以继日地看护她的爱犬和9只狗宝宝，简直是废寝忘食。

“我每天照料狗宝宝确实有点累，但是我感觉太棒了！每一只小狗仔的个性都不同，从它们刚一出生的那个瞬间就能看出来了。”

有一只小狗相当斯文，吃奶慢条斯理的，玩闹或睡觉也是温文尔雅的。它不像其他小狗一样吱吱哇哇叫个不停，而总是一声不吭、从容不迫。

让我们想一想，如果我们硬逼着这只小狗和其他的小狗一起爬上爬下地找奶吃食，恐怕它根本不会去参与这场盛大的吃奶行动，而是会“咚”的一声倒头大睡了。

有的小狗很老实，总是没完没了地趴在狗妈妈的乳房前闷头吃奶；而有的小狗则是淘气地动来动去，吃两口奶就跑去玩了，让人不免怀疑它们到底吃没吃够奶。

我的这位朋友仔细地观察了这窝小狗仔两个多月，

把9只小狗的个性特点都摸透了。她不禁总结了一下："养小狗的诀窍啊，就是观察它们一生下来的特点，然后按照各自的个性来养育。看来个性这个东西就是天性，完全是与生俱来的啊！"

其实她的这套理论完全可以套用在我们人类育儿上，绝对完全适用。要知道，就在孩子出生的那一瞬间，我们就会有一个感受："啊！这个孩子原来是这样的性格啊！"在产房里妈妈常常第一时间就能体会到初生婴儿的个性。

为了慎重起见，我得说一句，每个人的个性并没有优劣之分。个性只是天赋秉性的反映，而个人的天赋也是多种多样的，并不存在哪种天赋好、哪种差的区别。

有的孩子天生就朝气蓬勃的，家长应该按照他们的天性培养他们，让孩子卓越的才能得以施展。有的孩子温文尔雅，总是很安静。对于这种天性的孩子，家长也应该认可他们慢节奏的生活方式，容许他们发挥斯文的特长。

如果我们带着这样的心态来观察孩子，就会发现其实每个孩子的个性都是不同的。所谓天性，是由上

天公平地分配在不同孩子身上的特质。

既然我们了解了孩子可能会存在不同的个性差异，那么，母亲最好的应对就是观察每个孩子，了解他们不同的个性，然后充分理解孩子、接受孩子。

“啊！老二和老大的个性还真不一样啊！当初生老大的时候觉得他憨厚老实，而老二哭起来可真够劲的。这么能哭，看来他想要的东西一定就要得到。”

带着这样的心情，妈妈就可以更容易地接受孩子的个性了。在此基础上，母亲与孩子们的关系也会变得更和睦。我们既能避免要求“老二要和老大一样”，也能避免将两个孩子互相比较。这样就能减少一些犯错的可能。

兄弟姐妹绝对是性格迥异，我敢对这一点打 12 分的保票。如果妈妈想生一个和老大性格一样的老二，肯定是不可能的。

原来是这样的啊！

是的，当然是这样的！请各位妈妈千万要把这一点放在心里，对不同个性的孩子采取不同的应对方法，这样才能成为一个聪明的妈妈。

☆让孩子回到婴儿的感觉，我们安心地照顾他们吧

“我生了老二之后，家里的老大好像也变回婴儿了。”我们常常能听到有人这么说。其实这是很普遍的现象，家里的老大常常会经历这么一个“返婴”的时期。

“我们家老大就没这样过啊！”有位妈妈骄傲地说，“我们家姐姐就一直很棒，完全没有变回过婴儿啊。”

她自信满满地如此断言。但是，如果我们参考临床心理学家的经验，就会发现这是一个很大的问题。尤其从她的话里我感觉到可能她家里的老大现在看起来没什么问题，妈妈也似乎很开心，但是在将来发生问题的可能性很大。

如果老二出生后，妈妈发现家里的老大一点返婴现象都没出现，那么，就更要严密地关注老大了。妈妈要看看孩子是不是在勉强自己，为难自己。其实看到妈妈对弟弟妹妹呵护有加时，家里的大孩子往往会任性地想变回一个婴儿，再享受一次妈妈爱不释手的宠爱，这都是很正常的心理现象。如果孩子总是忍耐着自己的心愿，给自己的心灵套上枷锁，妈妈一定要马上给予老大安慰。妈妈要告诉孩子，这些都是正常的感受，并不是任性。

在这个时候，妈妈更要对孩子敞开内心的大门，最好一边给老二喂奶，一边轻声细语地和老大聊天：

“孩子，你也过来靠在妈妈身边，让妈妈也能抱得到你啊。”

如果妈妈反复地轻声鼓励，可能老大刚开始还会有点怯生生的，但很快就能赖着妈妈撒娇了。另外，妈妈如果知道孩子在忍耐，为了能够进一步卸下孩子心灵的枷锁，可以告诉孩子：“哎，你再靠过来一点嘛，让妈妈好好疼疼你啊！快来跟妈妈撒个娇吧！”妈妈通过一系列的行动和话语，让老大回复正常的小孩子的心态，重返婴儿时代，好好地和妈妈享受一段亲密的时光。

我们一个人带婴儿已经很辛苦了，如果连家里的老大也返回婴儿状态了，这样如何应付得来啊?

是的，妈妈不禁会想，好不容易有一点心平气和的时间，现在又要陪伴两个“婴儿”，恐怕连一点闲工夫也没了。

其实不然，如果妈妈试验一下就能明白了。家里老大的返回婴儿的时间，其实是非常短暂的，转眼间他们就能脱离这个心理需求了。

老大返婴现象如果能被妈妈完全接受的话，可能最短只持续一两天的时间，最长的话也不过两周左右。然后老大就会结束这个返婴阶段，恢复到普通的状态。

但是，如果家长不能百分之百的接受老大的“返婴”，他渴望返回婴儿状态的需求一直得不到满足，那么这份渴求就会持续地隐藏在他们的心底。这样的结果就是，在妈妈的不配合下，老大的返婴状态会一直持续很久。

所以妈妈应该正视老大的返婴需求，并把它看成是一个必不可少的“通过仪式”。当老大一边看妈妈怀抱着刚刚出生的弟妹，一边体会着自己也像婴儿一样被妈妈宠爱，这时他们更会意识到自己的小哥哥小姐姐的身份。

“妈妈对我是不是也能像对待那个小宝宝一样啊，真羡慕他啊。今天妈妈要是也能那么宠爱我该多好啊！”

如果妈妈能够充分地给予老大关爱，孩子就会感到很满足、很安心。

“没错的，妈妈对我和小宝宝是一样的！妈妈还是像以前那么爱我的！”

只要孩子在心里有了这样的意识，他的返婴阶段就正式结束了。他会产生“啊，我已经不再是小婴儿了！”这样的意识，并且确认自己已经成了大哥哥、大姐姐了，还会意识到“我以后也不会再这样小孩子气了！”

☆妈妈的“奶奶”是属于谁的

美和女士，37 岁，她一边回忆一边说道：

“那是我的妹妹大概一岁多一点的时候吧。妹妹在妈妈怀里抱着妈妈的‘奶奶’吃奶。我一边含着手指头一边盯着她，心里真是羡慕啊。妈妈的‘奶奶’本来只是属于我一个人的……现在我长大了，不能再吃奶了。我就这么心里一边想着，一边使劲盯着妹妹看。”

妈妈注意到了美和小朋友的神情，于是用温柔的声音召唤她：

“小美和啊，你到妈妈这儿来。你看，妈妈还有一个‘奶奶’空着呢，你也来一起吃奶吧。”

大家可以想象到吧，小小的美和当时的脸上，准是洋溢着十分快乐的笑容。

如果老大“吃醋”了，可以让她

一起吃“奶奶”。

“我当时太开心啦！觉得自己简直太幸福啦！”

但是如此的开心和幸福，仅仅在一瞬间之后就被彻底打灭了。

“我的妹妹听到妈妈这么说，立刻用手把妈妈另一只‘奶奶’也抱住了，完全拒绝让我也去吃奶。我那时的心里真是百味杂陈啊，但是现在我也能明白了。那时妈妈的一句话就让我彻底安心了。虽然妹妹不让我吃奶，但是妈妈的心里是装着我的，她愿意让我也一起吃奶。妈妈对我的那份爱，我真的能够完全在心里体会到。”

对于幼儿来说，他们看到妈妈的“奶奶”被弟弟妹妹夺走时，肯定会感觉很难过的。因为妈妈的“奶奶”对于孩子来说，实际上就是母爱的象征。

“你知道吗？妈妈的‘奶奶’其实本来是属于我的！”

可能每个孩子的语言不完全相同，但是孩子们的心思都是差不多的。您家的老大也肯定会有一天对妈妈说出类似的话。在这个时候，请妈妈一定要对孩子说出这样的回答：

“对啊，妈妈的‘奶奶’本来是属于你的呢，现在也是属于你的哟，但是你也分一些给你的弟弟妹妹吧。因为啊，你现在已经长成大孩子啦，不用吃奶也可以很健康，有力气玩耍。但是小宝宝要是不吃奶的话，就没力气啦。所以，你分一些给他好不好啊？”

语言毕竟是单薄的，老大如果还是露出渴望的表情，妈妈可以一边对孩子这样说，一边毫不犹豫地让老大也含住“奶奶”。

这样一来，当小哥哥小姐姐依偎在妈妈怀里吃奶的时候，也是他们最安心的时候。

“原来是这样啊。妈妈的奶头现在还是属于我的！”

当孩子不再烦恼，安心下来之后，也会自然而然地生出慷慨之心。

“好的，妈妈的奶我已经吃了很多啦。现在让小宝宝吃没问题的！”

即使孩子嘴上不能清楚地表达，但是他的心里一定会是这么想的。

“我现在给老二喂奶就已经不够了，如果老大也要来吃奶的话，我都不知道该怎么办好了。”

如果妈妈带着这种想法而吝啬于对孩子的关爱，

那么倒不如先来满足老大的欲望，这才是一个更合理的方法：

“妈妈的‘奶奶’是属于谁的呀?”

“没关系的。妈妈的‘奶奶’是属于你的，现在也是属于你的。但是你也分一点给弟弟妹妹吧。”

请大家都对孩子这样说吧。

☆“因为你是哥哥（姐姐）啊！”让孩子这样忍让是不讲道理的

其实每个家庭的情形都差不多，兄弟姐妹的相处之道是非常令人不可思议的。对于哥哥姐姐来说，即使家长没有特别的要求，他们也能很好地扮演老大的角色；而对于老小来说，即使没有任何人教给他们正确的方法，他们也都能进入弟弟妹妹的角色。

这可能是生命的法则赋予孩子的技能吧。但是我们也有必要为手足之情下一个“正确”的定义。虽然生命的法则可以促进孩子间“兄弟姐妹之情”的形成，但是有时这种生命规则不见得完全吻合家长的心愿。不对，可能是家长的状况与前者的矛盾更多呢。

换句话说，爸爸妈妈心目中理想的小哥哥、小姐姐的形象，可能孩子总是达不到呢。如果把话再说得直白一些，父母希望的小哥哥、小姐姐的形象，实际上是与生命的规则相悖的，那些对于老大的期望只能在成年人世界里才能实现。

那么，我们可以想一想，如果父母想要老大达到自己理想的标准，会说哪些话呢？哪些话又最有代表性呢？

你肯定意识到了吧，肯定是这一类的话：“你已经是小哥哥/小姐姐啦，要坚强啊！”

如果我们为孩子设身处地地想一想的话，这句话实际上是很不合情理的。因为孩子们会想“都是因为妈妈突然生了一个小宝宝，所以我才变成小哥哥/小姐姐的！”或者“我本来也没想当小哥哥/小姐姐啊！”在孩子的内心深处，其实他们想的是“本来我和妈妈挺好的，妈妈也很疼爱我的”，而现在“为什么忽然要我自己忍耐，自己坚强啊？我不能理解”。

“孩子要是现在这么说的话可就不对了。我们家孩子啊，一直就想当小哥哥/小姐姐的。他特别想要个小弟弟/小妹妹的。”可能有的妈妈会这么说吧。

但是，即使孩子本身想做哥哥姐姐，父母一味要求他坚强也是不合情理的。孩子们的愿望都是天真无邪的，那些从他们最单纯的心里说出的话没有恶意，不该为此责备他们，所以说家长也不能强行对他们提出任何要求。

其实所谓要坚强、要忍耐的意义，成年人也是从自己的经验中了解的，是从需要坚强、需要忍耐的情况中学会的。但是对于孩子来说，尤其是对幼儿来说，他们不了解什么是坚强、什么是忍耐，又年纪尚小，完全达不到成年人的要求。

其实人啊，无论是大人还是小孩都是一样的。我们与其努力忍耐、努力变坚强，倒不如在与周围的人和睦相处的基础上，做一些力所能及的让步，这样才能建立更和谐美满的人际关系。我们不妨换一种思维，相信那些尚处幼年、不善于忍耐的孩子，总有一天会不再勉强自己，成为更坚强的成年人。

请大家一定要理解孩子们，家长不能因为自己生了老二，就要求老大说“你是小哥哥/小姐姐了，所以你必须坚强”。其实这是违背生命的法则的，也是不合情理的。家长常常以成年人的角度行事，所以可能有很多人都这么想，也会这么做的。但是有些孩子，要为了努力达到家长的要求而拼命忍耐的话，他们的思想负担是很沉重的。这些孩子的心里也可能已经有了创伤，而这些创伤甚至能影响到他们长大成人后的生活。

所以请家长们一定要注意啦。如果妈妈不留神说出了“你得坚强啊，你是小哥哥/小姐姐啦”这样的话之后，应该立刻意识到这些话其实都是成年人世界里的主张。所以要做一定的补偿，以减轻孩子心里的负担。

家里的老大即使已经成了小哥哥/小姐姐了，他们仍然希望在父母面前能做一个小孩子。虽然他们会努力把自己变得像大人一样，但是请家长们时刻记住，孩子其实是希望家长也把他们当成小孩子对待的。

对于孩子这样的心愿，爸爸妈妈一定要毫不吝惜地完全满足。这样当孩子的心里踏实了，他才能开始逐步走向独立成熟。

如果家长能够充分理解以上的道理，那么肯定也能接受我下面要讲述的观点了：

老大并不是在得到小弟弟、小妹妹后就能够自动变得听话，然后顺理成章地成为小哥哥、小姐姐的。实际上，如果家长要求老大一定要乖乖听话，会使他心里堆积很多的不满情绪，那么，家长就是把通往孩子内心的道路给封死了。

我的读者里面一定有本身就是家里的长女的人，大家对于这个观点是不是特别能够感同身受啊？

“你是姐姐啊，你得让着妹妹啊！”

如果妈妈总是这样对孩子说，会给孩子带来多么大的伤害啊。在被不断灌输这样的话语的情况下，孩子的不满会堆积得多么沉重啊。而童年的这些伤害和不满，会给孩子长大之后带来怎样的阴影呢。

☆在满足老大需求的同时，指导他也成为育儿能手吧

家长如果想对老大表达关爱，其实方法是多种多样的，尤其在日常生活中更是如此。

博美女士用的是这样的方法：

“我家的姐姐小良美已经 5 岁了，自从有了弟弟之后，我们一直觉得她表现挺乖的。可是弟弟半岁左右时，姐姐却时不时地闷闷不乐起来。”

博美女士真是一个细心体贴的好妈妈。她能够察觉到姐姐非常微小的变化，连孩子有时会闷闷不乐都发现了。

“我仔细留意了一下，发现我关注小良美的时间可能真的太少了。那个孩子啊，肯定是觉得我不够关心她才会不开心吧。”

有的孩子不善于表达，所以很难发泄出不满的负面情绪。家长面对这样个性的孩子时，就要好好地体谅他们，体会孩子内心隐藏的感受。

博美女士的做法是，她让姐姐参与到给婴儿换尿布的劳动中来。

“小良美啊，妈妈要给弟弟换尿布啦，你要不要试试看？”

她跟我说当小良美听到妈妈这么一说时，立马“哎”了一声，觉得很吃惊。

“我来做的话，真的可以吗？”

“当然可以了。我觉得你肯定能做好的。”

“但是，我还不太会弄呢。”

“没关系的。你看，妈妈会好好教你的，你要不要试试看？”

博美女士可是很精心地准备了这个事呢，她不仅考虑到良美的时间，也考虑到用换尿布这个方式来表现她对小良美的关注。我们其实可以体会到她做这些的理由。她利用要经常给弟弟换尿布的机会，让小良美参与其中，既可以更多地关注到小良美，又让她觉得很有趣。这也是博美女士对小良美的爱的表达。

让老大学着给小宝宝换尿布，既满足了老大对母爱的需求，又多了个小帮手，真是一举两得呢！

博美女士笑了起来：

“才没你说得那么夸张呢。我就是想着一边要让小良美满意，一边又学会了给小宝宝换尿布。我可以一石二鸟乐得自在啊。”

她的做法确实也起到了一石二鸟的作用，但是刚开始的时候也有点小困难。本来博美女士一个人换尿布很快的，现在她总是要指导小良美，两个人慢悠悠地边换尿布边聊天，时间可耗费了不少。

在这之后，博美女士又继续指导小良美参与抚养弟弟的过程。小良美不仅学会了给小弟弟冲泡奶粉，也学会了喂小弟弟吃辅食，每次都像玩游戏一样开心。

“一石二鸟的计划终于成功啦，我现在也成了一个特别轻松快乐的妈妈。”博美女士呵呵地笑个不停。大家可能也注意到了吧，良美小朋友其实已经担任起照料弟弟的责任了呢。通过每次给弟弟冲奶粉、喂辅食、换尿布，她不仅花了时间和精力，更是培养了对弟弟深厚的感情。良美小朋友现在已经成了妈妈育儿的好助手呢。

“你老这么别别扭扭的干什么！你有时间就不知

道给大人帮点忙！你去帮着我照顾弟弟吧！”

如果博美女士换种态度，对着良美小朋友如此厉声指责，恐怕小良美也没有机会成为“一个好姐姐”了。

当然不同孩子的个性差别也很大。可能对于活泼好动、外向型的孩子来说，就不能像良美小朋友一样承担起照顾弟弟的职责了。我们可以根据孩子不同的个性采取不同的方法，只要能让孩子体会到家长的关怀就可以。孩子只要满足了就很踏实，这样，家里的小哥哥、小姐姐就能少用大人操心了。他们只要能够自己在外面快乐地玩耍，对妈妈也是莫大的帮助呢。

想让家里的老大成为妈妈得力的育儿助手么，确实是有方法的。

家长需要做的，就是要在最初阶段，千万不要吝惜自己对孩子的关怀。妈妈可以一边把照顾弟妹的工作交给老大，一边在旁边指导他。这样，老大不仅能够体会到父母的关爱，也能够学会各种育儿的操作方法。老大的心里也是非常满足的，因此也不会吝惜对他人给予的关爱。

良美小朋友其实就是一个很幸福的小姐姐。她感受到了妈妈对她满满的关爱，也可以对弟弟照顾有加。小良美成了一个出色的小姐姐，她们姐弟两个感情也能非常的和睦。

家长和孩子之间也要讲性格相合

志津子女士家里孩子可不少，家里的大女儿已经20岁了，接下来老二是高中生，老三、老四正在上初中，然后她还有一个上小学的女儿。最近她向我提出了这样一个问题：

“我们家有5个孩子啊，你说家长和每个孩子是不是也有性格合不合之分啊？我和有的孩子就特别投缘，可是和有的孩子就不那么投脾气了。”

我对志津子女士的回答如下：

“每个孩子确实脾气秉性都不同呢。你可以试着回忆一下，有没有对哪个孩子觉得特别投缘？”

其实我这话里是另有深意的。我说“孩子是不是很投我的脾气”，换句话形容就是，这5个孩子，是不是每个人都能被志津子女士装在心里呢？

志津子女士听了我的话，冥思苦想了一阵，然后这么对我说：

我家大闺女啊，小时候特别可爱。我对她几乎是无条件地付出，一直宠爱有加。我家大儿子就挺让人操心的，把他养大其实挺不容易的。老三的脾气很任性，我对他是放任不管的，老觉得不知不觉间他就长大了。要说起老四的话，其实我回忆起来抚养他的那个时期我是很苦恼的。对，确实觉得和他怎么都合不来，我说什么话他好像都听不懂似的。我为了和他讲明白一件事儿，总要花好大的工夫，真是愁人。现在想来，确实我常常觉得怎么和这个孩子那么不投缘啊。我的小女儿基本上是靠哥哥、姐姐照顾的，好像我对她一直没操过心似的。

你看我家这五个孩子，脾气秉性都不同，这么想我的心里敞亮多了。要是打个比方的话，可以说我的心啊，有五个侧面一样……

我家大闺女特别和我投缘，我的心里对她的那扇大门永远是敞开的。而对那个令我操心的大儿子来说，我一直觉得他特别麻烦，心里其实一直在为他操心。对于任性的老三来说，我其实本来是个特别爱操心的人，却唯独对他横下一条心，不肯对他多费心。老四和我最不投缘，我对他总是敬而远之，不愿意过多交流。说起我为什么要疏远他的话，可能是因为我不能接受他的性格吧。现在这么仔细想想的话，我确实在心里对那个孩子有些厌恶。对他疏远一些，我也能轻松一点。我那个被哥哥、姐姐养大的小女儿，其实也教会我懂得了许多。归根到底啊，人生当中遇到些挫折失败也没什么，我们最终都会有所收获的。

母亲和孩子们之间，其实互相的关系也是要看是否投缘，是否性格相合的。我们最好能够承认这一点，确实有时候会和这个孩子更投缘，和那个孩子不合脾气。

但是，如果妈妈只关注和自己投缘的孩子，而不能接受那些不投缘的孩子的话，最终妈妈的心可能会变得非常狭窄。

你也可以想想，到底是和哪个孩子最投脾气，和哪个孩子最不投缘呢。无论怎样，这都是应该交由你来应对的问题。无论与孩子是否投缘，都应该对每个孩子全情付出。如果你一直牢记这一点，和孩子们的相处也会更容易，你的心也会变得更舒展了。

志津子女士又说了这样的话：

“要说起来最和我投脾气的，那就是我家大闺女了，可是她到现在其实是最不自立的。可能是因为我一直对她很偏心吧。她也和我最合拍，所以我把她也变成和我一样了。”

有的孩子和家长本来就很投脾气，家长其实更应该注意到这一点。那些最投脾气的孩子，说不定最容易被妈妈所左右呢。

☆如何打消老大的不满情绪

道子女士家里有一个三岁的儿子和一个一岁的女儿，这个小女儿现在还在吃奶。

“我真是太烦恼了。我们家老大总是在妹妹吃奶的时候捣乱，这个孩子怎么这么淘气啊。他老是这么捣乱，我真想打他屁股了！”

打屁股！这可是养育孩子中最糟糕的手段之一，但是家长总是会碰到令人火大的状况，不知不觉就照着小屁股打上一巴掌了。

但是家长在打了孩子屁股之后，也不好办。小孩子肯定是最难过的，屁股上刚挨了巴掌，火辣辣正疼得厉害呢。而打了孩子屁股的妈妈，心里也不好受啊。

道子女士也是这样的，打了孩子之后又陷入深深的愧疚中。

“我这么打孩子，不是在虐待孩子吗?”

对啊，要说起来的话，打孩子确实算是虐待，如果妈妈心中能有一点这样的意识就好了。要是家长打起孩子来一点也不手软，完全没有心疼的感觉就坏了。有很多事例可以证明，家长这样的做法很可能在以后发展成更严重的施暴。

“你不妨这样做：打了孩子屁股之后，好好给孩子道歉。你可以紧紧地抱着孩子，然后发自肺腑地对孩子说句‘对不起’。这样做的话，对于孩子的心和你的心，都是一救赎。”

“但是如果老大还是会捣乱怎么办?我每次打了屁股都要道歉，然后他再捣乱我再打屁股，这不就会成为恶性循环了吗?”

道子女士还是一副愁眉不展的神情。其实啊，这个事情的解决对策十分简单。

如果在兄弟姐妹之间，有一个人的不满爆发出来了，只要将他不满的根源消除就可以了。如果孩子是由于父母的要求而过分压抑自己的话，那么消除这个不满的方法就更简单了。

对于道子女士的情况，我就提出了这样的解决方法。

“你可以每次都准备两份牛奶，在给妹妹喂奶之前先让哥哥喝奶就可以了。你来试试看，这个问题一定就能解决了。”

其实她家的小哥哥就是因为看到妹妹喝奶，觉得妹妹喝奶的样子特别幸福，又羡慕又嫉妒。孩子其实并不知道应该怎样表达自己的不满情绪，所以他才会显得好像总是在捣乱一样。我猜想情况肯定是这样的。

道子女士回家试了试我所说的方法，结果失败了。

“我先给哥哥牛奶，之后给妹妹牛奶。然后我们家老大就觉得妹妹的牛奶肯定更好喝，非要交换不行。唉，这个孩子真是太不乖了！”

“如果哥哥再这样的话，你可以试试完全满足孩子的要求，他要喝哪个就给他哪个吧。”

道子女士回家又试了试我的方法，结果这次非常成功。她家老大一会儿要喝这杯，一会儿又要喝那杯，道子女士按捺下烦躁统统满足他。结果不一会儿，哥哥就大口大口喝起了牛奶，也没再在妹妹吃奶的时候捣乱。

其实只要各位父母记住这点就好了：老大只要看到家长给老二任何东西，肯定都会心有不满的。而打消老大不满的方法也都是相同的，就是在给老二任何东西的同时或者是给之前，只要对老大表示同样形式的爱就可以了。

比如对于道子女士来说，就是给老大同样的牛奶。其实我们也可以根据不同的情况，采取不同的做法呢。比如，家长可以一边给老大吃零食，一边喂老二吃奶；或者一边对老大柔声细语，一边抱着老二，哄他睡觉。

这样做是不是很简单呢？其实家里的老大啊，都是这么想的：

“我知道妈妈要照顾小宝宝，觉得小宝宝特别可爱，但是也不要忘了我啊！妈妈也要管我才行啊！”

老大在小小的心里努力诉说的这份感受，请家长们一定要带着微笑体会到啊。

照顾小宝宝的同时，也要及时向老大传递同样形式的母爱。

☆老大要是欺负老二的话，更要关爱老大

有很多妈妈都说，家里的老大总是欺负老二。无论当时的情形是怎样的，我们确实经常能够看到这样的场面。

我觉得大家要是读了前文应该就能理解了吧。通常老大若是经常欺负老二，很可能是因为老大十分渴望妈妈的关爱。不如我来举个例子吧：

“要是没有这个弟弟/妹妹的话，我本来应该得到妈妈更多的疼爱和关心的！”老大很可能是带有这样的想法的，他因为老二得到妈妈更多的疼爱而一直心怀不满，最终爆发出来的。

如果是这样的话，其实只要家长更关心老大、更爱护老大，就能解决“大的老是欺负小的”这个问题

了。可事情往往不遂人愿。

其实如果站在妈妈的角度，肯定觉得伤脑筋啊。因为表面看，大家都会觉得老大是在欺负老二啊。老大本身年龄长一些，块头也大、力气也足；而老二弱弱小小的，看起来只有被欺负的份儿。所以妈妈站在旁边一看，可能都会先不管三七二十一，冲老大嚷嚷一番：

“你干什么呢？怎么老是欺负比你小的啊！”

可是这样的话，老大心里就会觉得更难受了。他本来就十分渴望妈妈的关怀，现在却被妈妈一通责骂。他满肚子委屈没地方发泄，于是只会变本加厉地欺负弟弟、妹妹了。

不过啊，这里还有一点是特别要留意的，尤其这种情况会更多地出现在老二身上。在受老大欺负的时候，如果老二已经超过两岁了，他会出现这样一些想法也是完全可能的：

“你来打我呀。妈妈赶快来看看他欺负我的样子吧，然后妈妈肯定会批评哥哥/姐姐的。你果然被妈妈骂了吧，真是活该！等着瞧吧，妈妈教训完你之后就会来安慰我的。哼！”

你看，真的有可能出现这种情况。每次只要一看到两个孩子在打闹，妈妈总会冲过去责骂老大，殊不知其实这都是老二捣的鬼呢。如此三番，可怜的老大才是吃了哑巴亏的那一个！

那么，如何避免出现这种情况，这就要各位妈妈下一点功夫喽。当妈妈看到两个孩子打架时，首先不要光凭眼中所见的状况立刻评判，而应该了解两个人到底为什么打架。妈妈最好能够耐心地听取两个孩子各自的解释。

说起欺负人这种状况，实际上在学校里发生的时候也有各种背景原因。比如，有时候孩子可能有不满的情绪需要消解，或者孩子有时候欺负别人，只是因为很喜欢对方却不知道如何表达。所以说，我们成年人不能只看到欺负人这个行为就立刻批评孩子。另外，如果妈妈先厉声批评孩子了，那么之后也要给予一定的安抚。这样一来，不仅能够大大降低孩子欺负人这个行为再次发生概率，又可以针对孩子的心理，打消他欺负人的诱因。

所以请各位妈妈给我们的老大们制造一些机会吧。虽然老二看起来总是受欺负的对象，但是有时也有例外的可能性，所以妈妈们一定要牢记这一点，让老大也有为自己解释的时间和机会，不要再三冤枉了我们那有冤无处诉的老大呀。

“你啊，是不是有时候会欺负弟弟妹妹啊，这个行为可不好啊。你要是欺负了别人的话，自己其实也不会开心对不对？但是，即使这样，妈妈也绝对不会讨厌你的，妈妈不会觉得你是个坏孩子的。你能不能告诉妈妈，你是不是会有的时候忍不住想欺负人？”

如果妈妈能够这样对孩子说的话就太好了。

妈妈可以一边抱着老大，一边告诉他说：“就算你有时候有点淘气，欺负别人，妈妈还是爱你哦！”如果妈妈能够时常告诉孩子这样的想法，你们老大的心也会变得越来越温柔、越来越体贴。如果老大是因为欲求不满而压抑难过，所以来欺负人的话，在妈妈的温柔安抚下，那些负面情绪也会得以消解的。

那么，妈妈应该如何安抚一直被欺负的老二呢？没关系，除非有什么特殊情况，妈妈根本就不用担心老二的。

为什么我会这么说呢？其实普遍来讲，家里的老二都十分擅长获取父母的关注和宠爱呢。和老大相比，老二总是能得到父母格外的宠爱和格外的关怀。

各位妈妈不是也常常这么说吗：

“我啊，总是不知不觉就宠起老二了！”

这就是老二最擅长的、让人爱不释手的本领呢。

☆两个孩子打架时，妈妈如何调解

家里要是有兄弟姐妹，就一定会有打架的情况，真的是这样的！不管父母如何疼爱子女，也不管兄弟姐妹平时如何亲密友爱，各位妈妈最好记得，只要是有兄弟姐妹，就一定会打架的，在幼儿时期更是如此。两个孩子有时候会完全没有理由的打架，有时候是为了调整相互的关系打架。总之，打架的情况不可少。

聪明的家长对于这样的情况，最好的方法是尽可能不干涉，就由得孩子们自己去吧。

“如果孩子在做什么，就让他们自由去做，然后他们在不知不觉之间就能平静下来了。”

如果你能在心里默念这样的话，就会慢慢成为一个合格的妈妈了。

同住在一个屋檐下，难免有时会有些状况发生，孩子们会为一些矛盾闹得不可开交。这样的话，就需要妈妈根据具体情况来进行一些调解了。

前面所讲的志津子女士大家还记得吧，她有五个子女，孩子们常常吵闹。她最开始就是大喝一声："你们都给我停下！"她家的五个孩子之中有三个男孩，所以这种断喝的压迫力也是必要的。但是在一般的情况下，妈妈并不需要如此高声粗嗓地嚷嚷，完全可以以一种更平和、更温柔的方式介入孩子之间的争吵。

但是这种温柔的介入方式，也是要有一定技巧的。我以下就整理了"兄弟姐妹吵架的调解五原则"，分享给大家。

第一条，尽可能地从正中间分开两个人。

我所说的正中间，不仅指家长要介入两个孩子正中间的位置，更是指家长要保持中立的立场。只要两个兄弟姐妹之间发生了矛盾，那肯定是一个两败俱伤的结果。作为母亲来说，即使有时可能心理上会偏袒某一方，但是我还是希望您在孩子之间尽量保持中立。

第二条，认真听取双方的说法。

首先，妈妈应该让个性比较老实的孩子或者看起来比较理亏的孩子先开始陈述。当然另一个孩子听了对方的说法后，就会急于否定“才不是这样的!”或者想打断对方。这时候妈妈可以先告诉孩子：“我一会儿会好好听你解释的，你现在先等一下。”然后尽可能地让这个孩子完整地把自己一方的说辞统统讲出来。

“原来如此。怪不得会这样。好的，我明白了。”妈妈在听完一方的陈述后，可以说出这样的话来。这些话只是在原则上表示同意，在心理上争取孩子的同感。妈妈在这时不要指责，也不要品评优劣。孩子听了妈妈的话，会感觉妈妈在心里是站在我这一边的。他也会注意到，妈妈并没有说我做得不对。

妈妈要听取双方陈述的完整的事实，这一点意义重大。因为妈妈很认真地听完自己的说法，其实这点本身就可以带给孩子很大的心理满足感。孩子之间经常打架的矛盾根源就是觉得妈妈不公平，因此妈妈的这一做法同时也可以消除孩子的不满情绪。

第三条，让两个孩子爱的抱抱。

当两个孩子都分别向妈妈陈述了自己的观点后，其实差不多就能平静下来了。如果妈妈看到两个孩子已经情绪稳定了，就可以让他们伸出双手来拥抱对方。这里要注意，并不是让一个孩子去抱另一个，而是双方同时伸手拥抱。然后妈妈要对相拥的孩子们说道：

“你们刚才是不是吵架啦。但是没关系，你们是兄弟姐妹啊，即使吵架了也可以再和好的。那么，现在你们两个人来抱抱和好吧。”

第四条，注意应该道歉的地方。

如果需要道歉的话，妈妈不妨引导比较强势的孩子来道歉。

“你们两个吵架的话，是不是因为你犯错的地方比较多呢？”

当然妈妈也应该非常巧妙地引导孩子，让他意识到自己所犯的错误。

“可是妈妈，我虽然这么做不对，但是都是因为他先不对的。真是的……”

“但是，你确实犯错了啊。那么你是不是应该对你犯的错道歉呢。”

也有可能孩子说：“我就不！”这时妈妈就要来制止这个想法。

“是吗，可是你不愿意也不行啊。你还是应该道歉呀。”

这里妈妈要记住，我们需要做的是让孩子意识到自己犯的错，不必强求孩子一定要道歉。

第五条，让孩子握手言和。

两个孩子无论是否互相道歉了，吵架了之后肯定会对对方心有埋怨，手足之情也淡漠了一些。这时妈妈不妨让他们相互击掌，这样既能重结友好，又能转换心情。

“好啦，你们两个都有错，现在握个手和好吧。”

妈妈用这样的语言来鼓励孩子们也不错。“那么，既然你们不再吵架啦，就都过来在妈妈的脸上亲亲吧。”妈妈要是能这么说就太棒啦。

以上我所说的五条原则，希望大家不妨来试一下，效果会很不错呢。其实兄弟姐妹之间的吵闹，即使父母不插手也基本都能很快和好如初。但是如果妈妈能够掌握时机，适时地进行调解，孩子们也能够学会如何控制自己的情绪以及掌握如何处理类似的情况

吵完架要让两个孩子及时握手言和。

的方法。

EQ（也就是大家通常说的情商）这个名词，大家可能听说过吧。EQ是一个人能够控制自我感情的能力。如果一个人的EQ越高，那么他在人生中能够获得幸福、度过充实的人生的可能性也就越高。

如果一个人能够善于控制自己的感情，就能很快为吵架打上休止符。这也是EQ高的一个表现。其实对于孩子来说，兄弟姐妹之间的争吵、小伙伴之间的矛盾，都是一个锻炼自己、提高EQ的绝好机会。

所以家长不妨放手任他们兄弟姐妹之间去争去吵吧。妈妈也不用如前文中那样急慌慌冲上去吼老大，不让欺负弟弟妹妹，完全可以稳坐钓鱼台，静观事态发展，然后适时出手进行调解。这样就足够啦！

☆不用担心，“哥哥、姐姐的心”会自然而然地形成的

家里的老大在上幼儿园大班，老二在上幼儿园小班，还有个老三才两岁。这一家有三个儿子，而他们的妈妈泉美女士身材娇小，看起来就是个温柔的柔女子。

但是要作为三个儿子的母亲，她的负担可实在不轻。可能外人乍一看还不觉得，但是这三个小男孩在家里要是玩起来可是不得了，吵闹声简直能掀翻屋顶。

“我啊，有时候简直顾不得形象了，也不管邻居怎么看，只能高声地教训他们。这几个臭小子成天就是打架。尤其我们家两个大的，打起来简直不可开交。”

我完全可以想象得到啊。他们家老大和老二一看就属于活力充沛、精力旺盛的孩子。这两个小家伙要是一起闹起来，他们家里可真能闹翻了天。这样妈妈的压力也真是很大啊。那么温柔的泉美女士一边怀里抱着老三，一边还得拼命大声嚷嚷，要不两个大孩子根本不听她的。

“最近都连着闹了好几天了……我就怕他们几个孩子要是天天这样，以后可怎么办啊。我只要一想到这些，就忍不住发愁啊：虽然现在两岁的老三还挺老实的，但恐怕他再长大一点就也变得满身活力无处发泄了。要是连老三也加入哥哥们争吵的队伍里，那我恐怕真管不住了。我可真是担心啊！”

但是有一天，泉美女士看到这样一幕情景，心里不禁有所感悟：

“那天啊，我们家老大和老二到家门口的空地上去玩，就我和老三在家里待着，真是觉得家里难得清静下来了。我也能稍微喘一口气了，好容易能有这么个空闲的时光，我能轻松不少。”

不一会就到了两个大孩子该回家的时候了，差不多是夕阳西下的时分，天空中微微飘着小雨，泉美女士盘算着两个孩子怎么还不回来啊。她也知道这两个孩子一旦玩起来，就不知道着家。想到这些，泉美女士就出了门，权当是边散步边招呼孩子吧。

“我在家里虽然只休息了一会，但是难得偷得半日闲，我的心情也轻松了很多呢。我想着该叫孩子们回家了，又想着不如让他们兄弟三人在空地里玩耍吧，于是出门的时候还带上了照相机。”

她一到外面就发现，两个大孩子不出所料正在泥地里撅着屁股玩得高兴呢。尤其是他们家老二特别喜欢玩泥巴，他好像在泥里打了个滚一样，满头满脸的泥点子，连衣服上都沾满了泥水。

好在那一天泉美女士心情好，看到孩子们一身泥水也没批评一个字。

“我们家这附近啊，最近好像成了孩子们游戏的宝地了，那天那么小的一片绿地里就有十几个孩子在玩。我们家老大和老二啊，就那么自然地和别的孩子玩在一起了。我当时真觉得孩子怎么一下子长这么大了啊。”

泉美女士观察了一下，发现老大和老二玩得挺好，没有打架，于是把老三也放在地上，让他和哥哥们一起玩。

“一个羊也是赶，两个羊也是放，反正我也乐得轻松。别看我们家几个男孩子在家里老是打个不停，没想到他们在外面能一起玩得那么好。我一下子感觉好棒呀！”

泉美女士一边感慨着，一边举起相机咔嚓咔嚓地照个不停。三个孩子仿佛感受到了妈妈的关注，又是跑又是跳，欢声笑语，嬉笑打闹。

这时，忽然发生了一点状况。

“我们家老三不是才两岁么，老是跟不上哥哥的脚步，于是就自己蹲在沙坑里自顾自玩了起来。但是之前有几个三四岁的小孩一直在沙坑里玩，他们就想把老三赶出去。”

可能是孩子们在抢地盘呢，看来还得我亲自出手了。泉美女士一边想着，一边准备起身去帮忙。

“那个时候啊，还没等我站起来呢，我家老大和老二嗖的一下就跑过来了。我还想着他们来干什么呢，就只见他们俩蹲下来和老三一起玩沙子了。其实啊，老大是看出来弟弟在受欺负，所以才会过来的。他只要一过来，那几个想抢地盘的小孩就不敢再闹

即使不去刻意提醒，哥哥、姐姐也能

做好自己的角色。

了，老大完全就把老三保护住了，而且还教老三该怎么玩沙子。我一边看着，一边忍不住眼眶都热热的……”

那天回家的路上，老大和几个孩子照常蹦蹦跶跶的，跑来跑去。泉美女士趁着老大跑近的时候对他说：“你啊，真的变成了大哥哥了呢。”

老大一脸诧异问：“我干什么啦？”

“你看，刚才你们在沙坑玩的时候，你不是保护了弟弟嘛。”

老大这才恍然大悟：“哦，原来是那事啊！”他小胸脯一挺，特别骄傲地说：“我不是当哥哥的嘛！”

老二也跑过来不服输地说：“我也是当哥哥的！”

“可不是嘛。你们两个都是很棒的小哥哥啊。虽然你们常常会打架，但是有事了你们肯定会帮助兄弟的。妈妈真高兴啊。”

从那天之后，泉美女士的心境发生了巨大的转变。

“我以前总觉得他们几个老是打架，但真没想到他们在外面会互相照应。其实这些都是很正常的事，只是我之前没有意识到而已。自从我意识到这一点之后，几个孩子再在家里闹得翻了天，我也不会像以前那么介意了。而且我也开始觉得没有必要老对孩子那么大声嚷嚷了。结果呢，三个孩子在家里居然也能相安无事了。我这才明白，为什么他们之前一直会吵个不停、闹个不停。其实都是因为我一直在他们兄弟中间横加干涉，所以他们才会越吵越凶、越闹越厉害的。”

对的，其实就是这个道理。但是，你的家里总归是有三个男孩子，你要想图个清静可是很难的哟！

“没有办法啊。我就是喜欢孩子所以才生了三个呀！”看起来柔弱的泉美女士，吐了吐舌头，哈哈地笑了起来。

☆不要忽视“中间的孩子”的不满情绪

既然我们谈论了有三个孩子的家庭，那么，现在不妨聊一聊排行在中间的孩子的特点吧。

其实要说起中间的孩子，我很难举一两个典型的例子。要说起老大，就是第一个孩子，无论是父亲还是母亲往往都会重视自己的第一个孩子，因而对老大十分珍爱。

一般生老二的时候，都是父母对视若珍宝的老大的养育暂时告一个段落的时候，妈妈开始腾出些手来才能生下老二。

这样生下来的中间的孩子，当然父母绝不会故意吝惜对他的关心和疼爱，但是中间的孩子能够享受父母的浓浓关爱的时期，往往都是非常短暂的。

很多父母可能都会觉得：“既然已经生了两个了，

再生一个也无妨吧。”这样想当然很正常，也不存在什么问题，只是对于老二来说，那些被父母呵护有加、宛如置身天堂一般的日子就会变短了。妈妈很快又生老三了，那老二只能一边眼巴巴地看着妈妈照顾弟弟/妹妹，一边吸吮着手指头暗自羡慕着。

其实说到底，老大和老小是最受宠的。对于父母亲来说，老大是自己的第一个孩子，无论他们在成长过程中遇到什么问题，家长都会鼎力相助；而最小的孩子是自己最后的孩子，家长也一定会全力以赴地给予各种帮助。

家长对于老大和老小都已经投入太多的精力和心血了，往往就容易忽视中间的孩子的成长。比起哥哥、姐姐和弟弟、妹妹，中间的孩子往往更要靠自己。这个中滋味他们最清楚了。

这就造成了中间的孩子往往十分渴望关怀。没错！正是因为中间的孩子有这样的渴望，妈妈就应该把自己的关心和疼爱更多地献给中间的孩子。

“比我大的和比我小的都招人疼啊，妈妈不会忘了我吧。”

这是中间的孩子典型的不满情绪之一。为了不让孩子的不满升级，造成以后令家长后悔自责的局面，那么，恐怕家长经常要有意识地，把视线投在中间的孩子身上。

如果妈妈能够注意到这一点，并采取相应的措施，就有可能为中间的孩子也创造一个轻松愉快的未来。

那么，妈妈应该怎么做呢？正确的做法就是：对老大要少一些干涉，对老小要少一些溺爱。父母对孩子的爱要适度，对孩子的干涉也要适度。如果家长能够做到不过分宠爱也不过分干涉，那么孩子的成长过程就能更自由。

你不妨试着观察一下周围的人，看看是不是这样的。一般家里的老二或者几位兄弟姐妹中排行在中间的孩子，他们的人生是不是大都过得非常悠然自得。

虽然说排行中间的孩子可能不被家长重视，但是他们往往生活更加顺利，而且独立能力更强。

如果我们希望孩子能够更独立自主，那么就要对孩子的生活少一些指手画脚，多一些关心和疼爱。所以我请各位妈妈一定不要忘记，要多多地疼爱中间的孩子，切记切记！

其实中间的孩子都是极好的，长大以后和爸爸妈妈最贴心、最体己的往往不是老大，而是中间的孩子呢。

☆如何解除孩子害怕妈妈被“抢”走的担忧

我们现在来换个话题，讨论一下孩子难上幼儿园的话题吧。如果把老大和老小比较一下，通常是老大更不愿意去幼儿园。

令奈小朋友马上要进入幼儿园小班了。她下面还有一个两岁的弟弟，叫铃次君。他们的妈妈早月女士几乎每天都和两个孩子相处，现在终于能稍微放松一点了：“我以后起码在白天能有一点自己的时间了。”

可事情哪有这么简单！小令奈开始上幼儿园的第一周还比较顺利，妈妈刚想着“看来孩子差不多能够适应幼儿园的生活了”，小令奈就忽然开始闹起了情绪，死活不肯去幼儿园了。

其实正确的说法是：小令奈不肯离开妈妈。早上妈妈带她去幼儿园的路上还好，但是只要该和妈妈说拜拜了，小令奈立刻就咧开嘴哇哇大哭，紧紧抱住妈妈的腿不放手。

早月女士和幼儿园的老师讨论了一下，根据孩子的普遍情况，老师给出这样的建议：

“这个时候妈妈一定要坚强，要是懦弱了可不行啊。就算孩子在和妈妈说再见的时候会哭，但是只要他一进入教室里就会立刻精神起来了。妈妈可以稍微安抚一下孩子，然后就要放开手让他进去了。”

早月女士十分惊讶：“原来是这样啊！”她觉得虽然道理是这样的，但还是不能百分之百地接受老师的说法。

她首先暂停了利用幼儿园班车接送孩子的方法，开始试着自己开车送小令奈上幼儿园。但是这样还是不行，只要和孩子挥手说再见，小令奈就会大哭不止。

早月女士没有办法，只好按照老师所说的方法试试看。她把孩子强行放到幼儿园就赶快回家，但小令奈变得在家里也会啼哭不止，眼睛哭得像桃子。而且不止这样，小令奈回家之后开始欺负弟弟了，常常把弟弟欺负得哇哇大哭。

“我这个时候才开始注意到，小令奈一直啼哭实际上是在向我表达她的不满。她开始欺负弟弟也一定是想发泄一下自己的委屈。”

她的这个猜想差不多是正确的。妈妈的心理其实是：“只要把孩子放在幼儿园，我就能解放啦！”而妈妈的这些想法小令奈都能够感觉得到，她绝对不能容许这些发生。她总觉得：只要我不在家了，弟弟就会自己把妈妈霸占住了，这样我可不同意啊！只要她一想到这些，就难以平静下来，她小小的心里充满了不安和委屈。

当早月女士意识到这一点之后，她就采取了一些适当的应对措施。

“我不会给自己放假的。不管老师怎么说，小令奈是我自己的孩子，所以我要承担起自己的责任。小令奈什么时候自己想去幼儿园了，我就带她去。如果她到了幼儿园又不愿意了，我就会毫不犹豫地把她带回家！”

她说在这个过程中，也碰到了不少的小麻烦。

“我们这么做可能对其他的孩子也造成了影响，

因为我自己自作主张地由着孩子，让她想去就去，想不去就不去，其他的孩子也想仿效我们的做法，所以幼儿园的老师也委婉地提示我们不要这样做。”

可是早月女士屡教不听。她觉得这是幼儿园站在自己的立场上而说的主张。每个孩子都有自身特殊的情况，不可能每个孩子在所有方面都能完美地符合幼儿园的要求。现在我家孩子去幼儿园困难，那我作为母亲就要担负起自己的责任，而幼儿园方面反倒对这个有意见，真是岂有此理。

很多的母亲在面临孩子不愿意上幼儿园的问题上都欠考虑，其实如果家长能够放手帮助孩子度过初入园的不适应期，可能幼儿园方面也不会有意见的。如果家长没有这个觉悟，就是把自己的家庭和幼儿园放在对立面上来考虑了。如果孩子在上幼儿园时很困难，而个别家长在该放手的时候没有放手，其实也就是放弃了身为家长所应尽的责任。另外，类似的情况在孩子升入小学时同样会出现。

哎呀呀，你看我一不留神又跑题了。让我赶紧接着说早月女士和小令奈的故事吧。

早月女士自己给小令奈从幼儿园放了假，每天牵挂着小令奈，希望她的日子能够过得顺心如意。

“现在我回想起来，觉得可能对她要求过于强硬了。我作为母亲，一直把弟弟的事当作头等大事。我嘴里总是念叨着：你是小姐姐啊，应该更坚强啊！但是尽管如此，小令奈毕竟能一直陪伴在我的身旁，也能缓解一些她的不满情绪。当我把她送到幼儿园的时候，可能说得极端一点的话，小令奈觉得我是要把她抛弃了，所以她会特别的恐惧。”

“害怕妈妈不要她了！”这个说法可能过于夸张，但是孩子们在初上幼儿园时，远离之前朝夕相处的母亲，心里都会感到极度的不安。

小令奈就是这样的，她有几乎两周的时间都完全没有上幼儿园，甚至“根本也不提去幼儿园的事”，就这么每天在家待着。

“在此期间，小令奈还在很多事情上返回婴儿的状态。她希望我能像照顾小弟弟一样照顾她。我觉得她特别想重新被裹在婴儿的襁褓里，让我总是抱着她似的。”

两周过去了，她好像卸下了心里的什么包袱一样，忽然开始说：“我要去幼儿园啦！”

"我带着她去了幼儿园，刚开始那两三天小令奈还会露出一些不安的神情。但是她可以在门口和妈妈挥手告别，自己迈步走进教室。我看着她的那副样子真是很自豪呢。那个渐渐远去的身影，意味着她迈入了人生的另一个阶段吧。"

再过了两三天，小令奈的脸上开始闪耀着光芒。

"她脸上高兴的神情啊，是我以前从来没有看到过的。好像她觉得自己能够上幼儿园了，特别骄傲似的。现在她每天早上总是神采飞扬、喜笑颜开地在幼儿园门口大声对我说'拜拜'。"

当然，这个阶段小令奈在家里也不再欺负弟弟了。

孩子现在不愿意上幼儿园、如果孩子再长大一些就会不愿意上学。这两种情况其实在家里的老大身上出现得最多。为了不去幼儿园、不去上学，孩子可能会给你讲出五花八门的理由，说得比较多的理由就是觉得和老师不投脾气。

但是要说起真正的理由来，只有这一条：那就是孩子没有得到足够的关心和爱护。无论是幼儿园还是学校，在孩子的心目中都是与家庭相对立的地方。孩

孩子死活不肯去幼儿园，是怕被兄弟姐妹抢走了妈妈，这时更要对孩子付出足够的爱。

子们正是由于内心充满不安，不愿意离开家里，才表现出不愿意去幼儿园或者去上学了。

作为爸爸妈妈来说，不能被孩子不去幼儿园、不去上学的理由所影响，而是应该耐心地站在孩子的角度去追究问题的根源。

很多孩子常常觉得弟弟、妹妹把母亲的爱都抢走了，因此会出现不满和不安的情绪。如果是这样的话，家长不妨给予孩子更多的关爱来打消孩子的负面情绪。大家可以这么想：治疗老大不满和不安的特效药，就是妈妈浓浓的爱！

什么？老二也会不满吗？当然专治这个的特效药也是一样的，就是妈妈的耐心和关怀，还有满满的爱啊！

☆请不要对孩子抱有过分的期待

接下来，请让我给大家提个问题：对于家里的老大和老二，你对哪个孩子会抱有更多的期待呢？

大家不妨畅所直言。为人父母的都会对孩子有所期许，这都是很正常的。要是有人很豪迈地说：“我对孩子什么期望也没有！”那他恐怕太荒唐了，也太寂寞了些。

可能家长对孩子的期望各有不同，这跟父母的性格有关系，和孩子的个性也有关系。父母的期待会因为老大、老二的性别差异而产生很大不同。总的来说，大部分的家长都会对家里老大抱有更大的期许。

其实会造成这样局面的理由十分简单。家里的第一个孩子与父母之间，有更多心与心的交流和碰撞。第一个孩子的成长会给家长带来更多的喜悦、更多心灵的感悟。对于家长来说，很多老大会出现的问题都是家长第一次碰到的，当时处理起来非常棘手，之后如果同样的问题再出现在老二、老三身上的话，就相对好处理得多。而且家长在第一次处理老大的问题时那种强烈的感受，是照顾其他孩子时所不会有的。所以父母大多更重视家里的老大。

可要是这样的话，老大身上的包袱可能就很重了。父母过度的期待不管合理不合理，都会压到老大肩上。如果老大是男孩的话，那么可能这种情况就更加典型了。

哎呀，你是不是觉得我的话有点矛盾啊？你一方面说父母亲都会对孩子有所期待，这很正常；一方面又说家长的期待会阻挠孩子内心的成长，这不是自相矛盾吗？

但是同样是期待，会有多种多样的表现形式呢。对于老大是男孩的家庭来说，家长很容易把孩子的成长和家庭的未来联系起来考虑，期望长男以后能够承担起支撑家庭的责任。但是家长对于长男如此的期许，却与孩子本身以及他将来的幸福与否是无关的。

你能够理解吗？对于长男或者家里全是女孩的长

姐来说，他们都被父母寄托着支撑家族的期待，或者被家长托付着“希望这个孩子将来能够过上让家长感到骄傲的生活，能够让家长的自负心得到满足的生活”的愿望。其实这些都是家长自私的期许，是满足家长虚荣心的期待。而这样的例子简直数不胜数。

在这种情况下，老大深深懂得自己肩负着家族将来的责任，因此会十分努力上进，希望能够实现父母的期待。其实这也是他们自小就被父母所灌输的观念。老大为了实现家长的期许而经年累月的苦心经营，几乎放弃了自己追求幸福的权利和机会。对于这一点家长当然没有意识，孩子自己则更没有意识。

另外，由于老大背负着父母的期许，老二反而就得以解脱了。老大会羡慕老二：“你可真幸运啊，可以按自己的方式自由的生活！”老二就更可以悠然自得地享受生活，充分体会自己最想要的人生。

“你可挺不错的，生活过得真是自由自在的。你也不用考虑家庭和父母。而我就不同了，我从小时候起就和你不一样。家族的未来、父母的未来一开始就一直默默地压在我的头上啊。”

在长大成人之后，家里的老大们恐怕会常常将这样的不满诉之于口吧。如果他们的人生十分顺利，那么将这些压在心头的不满和弟弟妹妹们诉一诉也未尝不可。

当孩子尚处幼年之时，就请各位爸爸妈妈们好好地考虑一下吧。我们不必那么自私地在老大身上寄托那么深厚的期许。如果孩子小小年纪就感受到了父母的期待，那么对于他们来说，这些期待可能在不知不觉间就会变成附着在身上的大怪兽。这些满载父母期待的大怪兽，总是说着“我们是为了你的将来着想啊！”孩子们负担着家长如此自私的期望，一直努力着、忍受着，他们也会在心里慢慢堆积起对于父母的不满和仇恨。

怎么样？妈妈们请对孩子的将来，不要抱有过分的期待吧。

那么，到底怎样程度的期待才合适呢？其实很简单。家长无论面对哪个孩子，都可以一直告诉他这样的话：

“你的未来是属于你的。你的人生和爸爸、妈妈的人生是不同的。所以啊，如果你想做什么事，想成为什么样的人，爸爸、妈妈都会尽量地帮助你的。这样的做法，无非是希望你能够走上自己想要的人生道路，这才是爸爸、妈妈对你最大的期望啊！”

即使孩子尚处幼年，家长也要把这些想法好好地告诉给孩子，就算多说几遍也无妨啊。

在不久的将来，你可能就会不小心说出这样的话：

“你得学习啦！要不然成绩就下降了。要努力啊！好好写作业！”

爸爸、妈妈对于孩子的期望是：“就让这个孩子按照他自己的想法生活吧，只要能够满足他的心愿就好了。”但是可能只会在孩子的幼儿时代，父母才能不这么要求孩子吧。

其实，老大无论怎样都会担负着父母的期待的。所以我希望各位一定要把这些记在心里，要理解我们的老大呀。

第三章

家长要理解老大的不满，也要理解老二的不满

☆经常把两个孩子做比较，会伤害孩子的心

如果家里的孩子都差不多到了上学的年龄，妈妈就会轻松不少呢。孩子们不再像幼儿时期一样，需要妈妈忙个不停。妈妈也不用像孩子小时候那样，得背着一个、抱着一个哄孩子，也不用再每天一边收拾家务一边看孩子了。

但是作为替代，母亲的角色更多地转变成了“兄弟姐妹关系的调节人”。

学龄期的兄弟姐妹之间的关系，真真正正变成了彼此最大的竞争对手关系。他们可能假装和以前没有什么不同，但是事实上在很多方面，他们已经展开了激烈的竞争。

作为妈妈，要对孩子们的心理了如指掌才行啊。

其实兄弟姐妹之间的竞争，可能是孩子成长必经的过程。但是通常情况下，兄弟姐妹之间的竞争并不能如父母希望的方式那样展开。

无论是老大还是老二，彼此心里其实都暗暗地把对方看作假想敌，想着“我可一定不能输给他啊!”不管出于什么原因，如果他们这种视彼此为对手的心理被打破了，也不见得是件好事。如果孩子想着“我总是会输给他啊”，家长才应该担心呢。因为孩子在兄弟姐妹之间的自卑感，会有可能延展开去，使他在将来步入社会中都产生自卑感。

出于这种考虑，妈妈最好的对策应该是：尽量避免对兄弟姐妹相争发表评论。比如“你哥哥那个事做得多棒啊，但是你怎么就不行啊。真是的，你真让大人操心啊”或者“你姐姐是不行的，不过你还挺棒的。妈妈可真为你骄傲啊!”

要是稍不留神，父母很容易把孩子们之间做个比较呢。

但是如果我们能够仔细想一想，就能发现其实这种比较的做法非常糟糕，也是不负责任的。为什么呢？因为孩子的自尊心、自信心是非常重要的，而家长对于兄弟姐妹的比较，会轻易地把孩子的自尊心和自信心践踏在脚下。

其实事情就是这样的。家长拿孩子们相互比较的地方，其实都是家长自己偏好的方面，也是家长很自私的期待。

学业水平、日常生活或者体育能力，无论家长比较的是孩子的哪一方面，其实都不是站在孩子的角度来考虑的，而是根据自己的想法选择的比较对象。比如说，老大的学习成绩优秀而老二稍逊一筹。家长总会希望孩子的成绩能提高，所以往往会做出这样的比较：

“你哥哥、姐姐的成绩那么好，你跟他们比可不行啊。你得赶上哥哥、姐姐，再努力啊！”

有些孩子可能会听了父母的话而开始努力，但是他们的思想深处也会埋下这样的想法，即人的价值是以成绩的优劣而决定的。

虽然爸爸妈妈们深知，学生时代的学习成绩优劣与否并不能决定人生的走势，但是他们仍然以学习成绩作为评判标准，希望能暂时获得心安。也正因如此，孩子也认为学习成绩决定了人的优劣，如此悲哀的误解在孩子心中根深蒂固。

那么，家长如此将孩子的成绩相互比较，如此刺激孩子，究竟能否获得成效呢？被比较的孩子往往会觉得：“我的成绩不好，看来我这个人也不怎么样啊！”他在产生自卑感的同时也会觉得：“都是因为拿他跟我比，所以我总是这么倒霉！”这样也埋下了孩子对兄弟手足的憎恨之情。

反之，另一个孩子因为学习成绩好，常常被父母夸奖。他以成绩为唯一的标准，在如此狭隘的评判标准里觉得自己非常优秀。他会觉得：“我可是个了不起的人，我的兄弟就比不上我。”因此产生傲慢的情绪。

在现实中，无论孩子是暗怀自卑感还是颇为傲慢，可能外在都很难有所表现。但是在他们兄弟姐妹的内心深处，已经深深地埋下了卑微或者傲慢的种子。在他们今后的人生道路上，这些种子会生根发芽，终有一天可能造成手足相恶或者令某个孩子身处痛苦的情况。这种情况发生的可能性比大家想象的程度还要高很多。

其实父母比较的不仅仅是学习成绩。我建议家长无论想比较两个孩子的哪个方面，是想起到激励的作用还是刺激的作用，都最好罢手吧。当父母不比较了，孩子才更快乐，心也会更充实。

一个人内心的充实，是人生于世获得幸福所不可或缺的基础。无论一个人如何成绩优秀为人所羡，如何事业有成平步青云，都有可能因为内心的苍白而生活乏味。这样的例子简直数不胜数。

反之，一个人的内心是否充实，与他学生时期的学习成绩无关，也与他的事业名望无关。拥有充实内心的人，一定能够心怀感恩，走在幸福的人生大道之上。

如果我坦率一点说，家长对于兄弟姐妹之间做比较的行为，是不是有点卑鄙呢？如果家长是真正希望子女幸福的，我想大家都能够承认这一点。

“其实家长的心啊，也会偶尔有些卑鄙的小思想在抬头呢。”

如果爸爸妈妈们能够意识到这一点的话，就不会再将子女放在天平上互相比较了。孩子们的心也不会再因此变得贫瘠，而深陷苦痛了。

☆要了解兄弟姐妹彼此不同的个性，分别表扬

“但是，要是孩子连身边最亲近的对手都竞争不过的话，他们如何在这竞争激烈的社会上安身立命呢?”有些人可能会这么说吧。很遗憾的是，抱有这种想法的父亲、母亲也不在少数。

每次听到有人说起这样的观点，我总忍不住会生气：“这个观点才是不了解社会现实的说法呢！正是因为你并不了解社会生存的意义，才会说这么不负责任的话吧!”

孩子们身处的现实，你能意识到了吧。

孩子们身处最大的现实就是学校，而在学校中所有的学生基本的准则就是竞争。补习班也是一样的。孩子只要上了学，进了补习班，就走上以考试为目标

的轨道中。即使他们本身并不情愿，也已经置身于一个充满竞争的社会中了。如果在家庭中还要和兄弟姐妹一争高下的话，我们的孩子到底什么时候才能有一丝喘息的机会呢？

“虽然你这么说，可是现实就是现实。孩子虽然有点可怜，但是他们确实没有喘息的时间啊。”有不少的爸爸、妈妈能够若无其事地说出这样愚蠢的话呢。

家庭是让人最安心的地方。我们可以在家里随性而为，完完全全地放松下来。兄弟姐妹也是如此。他们不仅仅是对手关系，更是最亲密、最和睦的手足。

其实我们成年人不也是如此么。在我们背负着社会上沉重的竞争、矛盾的压力同时，要是在家里仍不能够放松的话，会变成什么样呢？

拒绝上班、酗酒成性、忧郁症、失踪，甚至最差的自杀。如果我们总是处于强烈的竞争之中，无处可以放松，无法释放自我，就算再疲惫再渴望爱情也难以得到满足。我们的心会生病，我们的身体会萎靡，我们会变得回避现实，难以生存。

这些情况孩子也会遇到。拒绝上学、神经质、厌食症、暴食症、耍流氓、欺负人，乃至最差的情况出现自杀。在孩子们的世界里也充满了压力，他们的生活也以和成人世界一样的机制在运行。

但是无论社会的现实如何残酷，妈妈就是孩子们内心依靠的磐石。如果加上父亲的理解，孩子就再没什么可害怕的了。

因此，我希望兄弟姐妹间不被相互比较。只有这样，每个孩子的能力都被认同，他们在成长的道路上才能走得更坚定。家长对孩子们默默的支持，也能让他们的手足之情更加深厚。

“你的哥哥、姐姐是学习成绩很好的孩子，这是他们的一个优点。你现在在学校的学习成绩啊，虽然并不是很理想，但是你为人处世都很稳重，也很有进取能力。这都是很了不起的本领啊！你总是不骄不躁、不急不恼，对别人总是很温和呢。无论你的学习成绩是怎样的，也无论你拥有什么本领，孩子在家长心目中都是独一无二的存在。你现在长得这么好，以后也一定会很棒的。爸爸、妈妈因为有你这个孩子无比高兴、无比骄傲！”

我们不必和任何人做比较，否则只会比出自己所欠之处。无论是哪个孩子，都一定具备自己独有的特点，家长所要做的就是耐心细致地去观察孩子，发现他们的优点，再通过不断的表扬给予孩子力量。这也是父母能给予孩子的最大的爱。

可能孩子并不擅长坐在书桌前读书，但他熟知花鸟草木，热爱大自然；可能孩子在外人面前不善于表现自己，但他在家里常常帮做家事；可能孩子的学习成绩和体育水平没过多褒奖之处，有点坏孩子的样子，但他非常具有领导才能；可能孩子在这个竞争激烈的社会显得有些落伍，但是他热爱画漫画，总是沉迷于画中不停手；可能孩子对那些所谓必要的技能一个也不感兴趣，但只要一提到电视或者电子游戏，他就能立刻高度集中注意力。

就是这样，每个孩子都具有自己独特的特点，有自己独特的类型，也处于独特的状态。无论是哪个孩子，在学习成绩以外都具有不同意义上的优点，也有可以发展的潜在才能。

现在，其实无论是补习班，还是各个学校，能让每个孩子的特点都发挥得淋漓尽致的可能性都不大。

正因如此，家长更要在这方面注意，不是吗？

妈妈们请一定要多加关注每个孩子的特质。我们不必去比较孩子们品质的优劣，请珍惜孩子的特质，并助他们一臂之力吧。

我并不是在说一种完美的理想论。我们只有这样做了，才能在这个社会中找到最适当的对应之法，才能守护孩子内心不被巨大的压力所打扰，才能相信我们有能力培养我们的孩子。

☆ 妈妈的负面情绪会打破兄弟姐妹的心理平衡

您知道吗？兄弟姐妹总会在不知不觉间，在妈妈心里扮演着“不同的角色”。简单地说，如下所述的场景时常出现。

老大往往背负着父母的期待，他醇厚善良，努力进取；老二逆反心强，不学习不劳动，让家长总是为他操心。

这样的两兄弟在不知不觉之间，就在妈妈心里有了不同的定位，分别扮演着不同的“角色”。

老大所不能倾吐的辛酸和艰苦，都由老二以坏孩子的形象演绎出来；反之，老二所不能及之处，也由老大诠释出来。两者之间保持着一种危险的平衡。

让我来给您讲个非常典型的例子吧。

势子女士有一个上小学五年级的女儿小瑞树，还有一个上小学三年级的儿子繁树君。小瑞树心思细腻，学习成绩非常优异；而繁树君也是思维灵活，成绩完全没有问题。

以他们二人的状态，双方无意识间在妈妈心里分担的角色，通过下面这件事就能很鲜明地反映出来。

小瑞树在上五年级的第二学期时，忽然拒绝去学校了。其实对于不愿意去学校的孩子最基本的对策，就是完全不干涉，容许他的这个行为。以这样的方式，就可以让孩子一直逞强，久未得到关爱的心得以疗伤。孩子也能借此重获可以踏出家门的力量。

可能这个方式让很多人难以理解，其实对于孩子来说（实际上对于成年人来说也是一样的），都很需要适时地放纵一下，得到一些宠爱。简单地说，有些孩子即使父母放任不管也能照常度日，但是他们在内心深处总是渴望父母的关心宠爱，而孩子这份难以平复的不满足会影响他们将来的成长道路。

因此所谓“常识”中说的“孩子要是得到太多疼爱，就会变得不自立”这种说法完完全全是谎言。只有当孩子得到了父母足够的关怀、足够的关爱，当孩子认为“生活在这个世界上，我真是幸福啊”，他们才有可能变得更加独立自主，才有可能在自己的人生道路上越走越宽广。

好啦，让我们回到刚才那对姐弟的故事吧。既然瑞树小姐姐不愿意上学，她的妈妈势子女士就没有强迫她去上学，而是顺了孩子的心愿继续在家里关心她、疼爱她。小瑞树一直被压抑的心结也得以释放，一时间她对母亲提出了很多貌似不合理的要求，一些外人看来甚至很过分的要求。

既然孩子的一些不合理要求都被家长满足了，她就会感到“我是可以对妈妈撒娇的，妈妈也是容许我来撒娇的”。而她提出来的那些貌似不合理的要求，其实也是为了反复确认妈妈的爱。当孩子彻底相信妈妈确实非常爱自己、非常疼自己的时候，她也就能够得到满足，能够再次获得生活的自信了。这其实就是当孩子拒绝上学时，亲子关系可以借机得以修复的一个典型的案例。

瑞树小姐姐经过这样的一个心理历程，重新回到了学校。另外，她的弟弟繁树君的变化也耐人寻味。

繁树君一开始看到姐姐不上学，心里十分看不起，觉得“姐姐真没用啊。连学校都不去上，真是糟透了”。而过了不久他也变得不愿意上学了，最后甚至到了完全拒绝上学的程度。

“原来还能这样啊。姐姐不上学，妈妈是容许的。那我也可以不用像之前那么努力了，反正妈妈也不会生气的。”繁树君在一旁对姐姐冷眼旁观，也有了这样的心理变化。

实际上这也是我前文中所说的，兄弟姐妹各自从自己担任的角色中解放出来，开始主张自我个性释放的现象。

势子女士现在回想当初，不禁产生出这样的想法：

“我之前可是万万没有料到，两个孩子都变得不愿意去学校了。我一开始默许了姐姐瑞树的情况，而后来连弟弟繁树君也变得不去学校了，这让我忍不住怀疑我当初的做法是否是错误的。正当我的心里摇摆不定的时候，孩子们的状态也是时好时坏。后来我终于下定决心，觉得孩子不论是在学校学习也好，在家里待着也罢，都不是问题。只要他们两个人能够健康、快乐我就心满意足了。当我的想法这样改变之后，孩子们的表情也开始变得越来越开朗了。”

其实孩子们的心以及亲子之间的关系就是如她所说的一样的。孩子是否上学，是否学习都好说，只要我们的每个孩子能够在自己的人生旅途中大踏步而行也就足够了。其实孩子开始拒绝去上学的时候，他们的内心深处就一直在呼唤着，他们希望母亲能够认清这一点，希望母亲的爱能够回到原点。

从那次事件开始已经过去五年了。姐姐瑞树已经上了高中，她学习成绩优秀同时热爱油画，每天都对着画板挥动画笔。弟弟繁树君也在上中学，每日以自己的节奏而行。我听说他还没有决定是否会上高中，还会探索其他的人生选择。

“但是他精神头儿可足啦！青春期的男孩子一派生机勃勃的样子。我作为妈妈，看到他的那副样子就觉得心满意足啦！”

势子女士边说边笑着。然后还告诉我以下的话：

“在姐姐瑞树不上学之前啊，他们两姐弟之间关系可不好了。两个人整天吵吵闹闹打个不停。姐弟俩只要见面一定会你一言我一语地吵起来。但是自从那次之后，这两个人变得亲密无间的，感情好得不得了啊！”

其实造成他们姐弟嫌隙，让两人担负沉重的“角色”枷锁的，正是她们的妈妈势子女士。

“没错！真的是这样的！我确实一直都给两个孩子很大的压力。其实孩子教会我的，正是这个道理。这两个孩子的人生一定会充满幸福和快乐，只要想到这些，我自己也能感到无比的幸福和快乐呀。在那之前啊，我一直对两个孩子指手画脚，横加干涉呢。”

☆老大和老二不需要互相忍耐

我们刚才一直在讨论有些沉重的话题，那么现在就稍微休息一下，来看一个比较轻松的话题吧。

上小学三年级的小英志有一天对妈妈这样抱怨起来：

“我不要嘛！我不要老穿哥哥的旧衣服！给我买双新鞋吧！”

妈妈于是教育他：

“你看这鞋一点也没脏啊。你之前不是一直想要双这样的鞋嘛。你看这鞋走起来还能一闪一闪地亮灯呢，多好看啊……”

“我就是不要嘛！我想要的鞋才不是这样的呢……”

“但是这鞋完全没坏啊，要是扔了多浪费啊。乖啊！下次妈妈给你买新的，这次就先穿这双吧。”

“我不要嘛！一直都是这样的。你老说下次买、下次买，每次都给我穿哥哥的旧东西。我就是不要嘛！每次买玩具、买画书还有买衣服，妈妈都给哥哥买新的，我每次只能用哥哥用剩下来的！哥哥太讨厌了！妈妈太抠门了！”

大家来说说看，面对这样的场面妈妈应该怎样处理才对呢？

妈妈是该教导孩子好好爱惜东西，正好趁机对孩子来一篇长篇大论吗？

妈妈不该惯着孩子养成想要什么就有什么的毛病，对孩子断喝一声，赶快让他别闹了吗？

妈妈被磨得没办法，于是想着“就这一次，下不为例”，然后满足了孩子的要求，给孩子买新鞋子吗？

要是依我来看的话，以上这些都不算是最好的方法。因为无论哪种做法，都不能满足小英志的内心，也不会让妈妈最终感到幸福。

只要我们仔细想一想就能明白了。小英志真正想要的东西是什么呢？他真的是想要一双新鞋子吗？可能在小英志的意识里，他确实想要一双新鞋子。但是如果我们能够探究他意识的深处的话，就能知道他其实最想要的是妈妈的爱。

“好吧，那妈妈就专门为了你。只要你能高兴就好，妈妈给你买一双新鞋子吧。”

其实啊，小英志执拗半天就是想听到这样的话，他就是想要妈妈这样的关心。

其实回想起来，老二每次只能穿老大的旧衣服、旧鞋子。我们站在老二的立场上来想一想，确实会感觉很不平衡，很难过的。

“妈妈每次对哥哥总是舍得花钱，但是为我花一点钱也舍不得。”

如果孩子这样的想法日积月累，肯定就会产生“我其实是不重要的。爸爸、妈妈更在意哥哥，我才是可有可无的存在”这样的心结。而这样的心结可能最终会导致孩子产生“哥哥要是没有就好了”这样的负面想法。

我们要知道，无论多小的孩子都天生具有非常精准的直觉。如果家里的经济状况确实不好，孩子就不会对父母提出这样买新东西的要求。而如果当家长没有察觉孩子的情绪，本来该买的东西没有买的话，孩子能够凭直觉感觉到，因而会开始执拗地磨父母买新东西了。

小英志的母亲察觉到了孩子的心理活动，于是立刻转变了态度。

“啊，就是啊。我们英志每次都用哥哥的旧东西呢，哥哥真坏，妈妈也真是太抠门了啊。好啦，我懂啦。咱们现在马上就去给你买新鞋子好吧！”

就凭妈妈这两三句话，一直在小英志心中积攒的不满已经有七八成都飞到九霄云外去了。而当小英志精挑细选，终于买到一双新鞋的时候，剩下的那两三成不满也早就烟消云散了。与此同时，小英志怀抱着新鞋，心里的满足简直要溢出来了，他觉得“我也是被我妈妈宠爱的！”

对于很多在家里当老二的孩子来说，他们平时总得捡老大的旧衣服、旧鞋子穿确实蛮可怜的。如果家长想教育孩子爱惜东西，在很多其他的场合也完全可以做到。

怎么样？如果老二实在很想要一件新东西的话，也请各位妈妈不要舍不得给老二花钱买新的。因为实际上金钱里也寄托着父母对孩子的深情厚谊。如果家

不要总给老二穿哥哥、姐姐的旧衣服、旧鞋子，否则老二会觉得妈妈偏心。

长能够很好地掌握这个原则的话，那么老二再捡旧衣服穿也会毫无怨言的。

如果家长在给兄弟姐妹买东西的时候，总是只给这个孩子买而不给那个孩子买。日子一久孩子就会觉得家长偏向，老得不到新东西的孩子肯定会积怨很深。

其实孩子们都懂得，家长是否舍得给孩子花钱买新东西实际与家长的爱无关。但是孩子们也深深懂得，如果家长不够爱孩子，那么是肯定不舍得花钱买新东西的。这一点无论孩子多小，都是能敏锐地察觉到的。

千万不要吝啬你的关心

秀德君是一个初中二年级的学生。有一次，他与上小学五年级的妹妹多美子发生了一场颇为激烈的争执。

“妹妹正在玩电视游戏机呢，秀德君非要捣乱抢过来。他自己其实有游戏机。我们怕他们两个人抢，特地买了两台电视机供他们一人一个玩电视游戏用的。”

他的妈妈讲述这事时，仍是一头雾水的神情。

“妹妹的电视游戏机确实比较新一点吧。秀德君的那台游戏机买的比较早，虽然有点旧了但是完全可以接着用。所以他有什么可抱怨的啊，还老跟妹妹抢。这个孩子啊，可能天生就是个坏孩子……”

怎么会呢，没有任何一个孩子是天生的坏孩子。

有的孩子可能在童年时期显得顽劣不堪，被人当成是坏孩子，但是他们长大成人后都是正常的普通人；而有的孩子可能在中学时期有些叛逆不羁，看起来像是个坏孩子，但只要他们能得到大人耐心细致的呵护和关爱，基本上这些反叛行为都能得以化解。

秀德君和小多美子的这个情况中，有一个很特殊的背景是他们父亲曾有过一些不当言行，造成了孩子们内心深处的不安。而孩子们心底的不安又通过兄妹冲突这种形式表现出来，所以解决这个问题可能会需要多花一些时间。但是对于兄妹争抢电视游戏机这件事，秀德君的这种貌似“坏孩子”的行为，他们的母亲在听从了我的建议后采取了一些手段，使这个问题很快得到了解决。

“秀德君看起来在使坏，实际他是在对妈妈控诉，他觉得妈妈对他爱得不够。”

“哎？我怎么会对他爱得不够呢？”

“不正是这样的么？为什么给妹妹多美子买新的电视游戏机，却不给他买呢？”

“但是，再给哥哥买新的会不会太娇惯他了……”

“这可不是在娇惯孩子。我们不是已经认识到了吗？对于现在的秀德君，可以让他这么撒娇一下。为了让他能够切身体会到妈妈的浓浓的爱意，我们只有用最直接的方式，让他感到妈妈对他的爱是毫无保留的。”

秀德君的妈妈回想起之前孩子的种种表现，最终接受了我的建议。她立刻行动，给秀德君也买了和妹妹多美子一模一样的崭新的电视游戏机。

“之后怎么样了？秀德君还欺负妹妹吗？”

听到我这么询问，他的妈妈“呼——”地吐了口气，笑了出来：

“哎，他再没有冒坏水，没有再欺负妹妹了。而且，他们兄妹两个人不是有一模一样的电视游戏机吗，两人还经常互相交流，总坐在一起玩呢。”

家长总是想教孩子要忍耐，教孩子不要浪费东西。其实对于孩子来说，家长的这些要求是过于苛刻的。

如果我们能够稍微了解一下儿童心理活动特点的话，就能理解这一点。从另一个侧面来看，家长要求孩子为了不浪费粮食而吃撑，实际上也是一种对人的承受底线不合理的要求。

要让两个孩子都感受到妈妈的爱，

千万不要太吝啬。

秀德君和小多美子兄妹的父亲经常对孩子们厉声苛责，他要求孩子们必须要忍耐，必须要坚强，必须要努力。而对于父亲的说法，他们的母亲“虽然有时会有些疑虑，但是也不敢违抗”，她也担有一定责任。在父母这样的双重压迫之下，他们兄妹二人的心理层面都带有一定的神经焦虑。在秀德君出现欺负妹妹的行为之前，他们兄妹十分和睦，从未出现任何的矛盾嫌隙。

当家长给他们兄妹二人都买了同样的电视游戏机之后，他们之间的嫌隙也随之得以消解，同时我们也能够看到他们的心理问题也得以改善。

其实在普通的兄弟姐妹关系之间，也会经常发生互相欺负、互相捣乱的情况呢。这个时候，请各位妈妈不仅要关心被欺负的一方，也一定要将视线投在欺负人的一方。孩子心里有着怎样的痛苦、悲伤还有悔恨，以至于不得不以欺负人的形式表现出来，这些妈妈一定要了解。

治疗孩子内心深处的痛苦和悔恨的方法是多种多样的，根据情况不同我们可以采取不同的方法，但是总的原则一直是不变的。这就是妈妈一定不能吝啬。

妈妈不仅不能吝啬金钱，也不能吝啬自己的精力，总之对孩子一定要慷慨大方，尤其不能对孩子吝惜爱的付出。只要妈妈能够毫无保留地对孩子奉献关爱，那么兄弟姐妹之间一定永远是最和睦最快乐的。

父母越多关心，孩子越多幸福

妈妈们常常在嘴上挂着这样的话呢：

“我们家老大可好了，一点儿都不用我操心。我们家老二可就麻烦了，我整天为他操心，没完没了的……”

可能每家的老大和老二的情况都有所不同，不过妈妈的说法都大同小异。我们总能听到很多妈妈常常念叨着，家里一个孩子特别省心，另一个孩子有操不完的心。

我们前面讲了兄弟姐妹之间是承担着“妈妈心里不同定位”的例子，大家就能懂得所谓兄弟姐妹正是有这样特点的。其实也正因如此，他们才是兄弟姐妹呢。如果家里有两个孩子，那么家长总会为其中一个孩子多操一点心的。即使这个孩子在漫漫的成长过程中逐渐长大，得以进步，妈妈也仍习惯在嘴边挂着：“我老为那孩子操心啊！”那不就成了刻舟求剑的胡话了。这个时候，我们是不是也有必要反省一下自己了呢？

另外，如果我们仔细想一下的话，就会发现妈妈其实也在其中有所得了呢。我们可以这么想，妈妈正是要为孩子操心，所以自己的内心也得以成长了呢。

有时候我们为孩子牵挂操心，简直到气急败坏的地步。一个孩子的个性，可能也有超出妈妈心理承受能力的地方。

“那个孩子说什么做什么，我简直理解不了！”当妈妈的如果这么想的话，她的内心就缺少了宽广度和柔韧度，也就会更难以理解孩子的行动言语了。

“那个孩子喜欢的服装啊、音乐啊什么的，我怎么也接受不了，实在是超出我理解的能力了！”如果妈妈如此断言的话，其实也是在对自己宣告着：“我的心不够宽广，不愿意理解这个孩子的喜好。”

其实这样的说法也相当于你在对自己坦白认罪：“妈妈我啊，从此以后就会带着如此狭隘的心胸，继续如此狭隘的生活。”

其实无论古今中外，年轻人一直都是社会价值观的先锋、服饰时尚界的领头兵。尤其近年以来，年轻的爸爸、妈妈们都希望将孩子养育得“萌萌哒”，因此孩子在很小的时候往往就能接触到最前沿的时尚因素。之后他们在成长的过程中不断突破，更是不断颠覆着成人的价值观，撼动着我们早已固化的思维模式。

“我们家大闺女啊，每天穿制服一点事儿也没有，生活处事也非常清晰有条理。可是我们家二女儿啊，总是把裙子提得高高的，袜子也松松垮垮的，露出一大截腿来。她最近老说着要扎耳洞啊什么的。我简直是跟不上老二的思维了。”

有一位母亲如此控诉着。当时我立刻回复她：

“哎哟，你过来看看吧，我的耳朵上也扎了耳洞呢。小女孩裙子短短、袜子松松不是挺可爱的么。她能自己改造制服，我看她还挺有时尚观念的嘛。”

我这么说，就等着她会这样反驳我：

“即使是这样，也不过是一时流行的玩意儿罢了。她就想着不要跟别人都穿一样的、戴一样的。说什么个性啊，自由啊，要我说那些都是很肤浅的东西。”

没错，可能孩子所说的个性和自由确实是很肤浅的东西。妈妈虽然现在说看不惯，但是想当初在她的青少年时期，她不也是成人眼里张扬个性的年轻人吗？她在年轻的时候可能也向往着流行的时尚，穿着不符合大人审美的奇装异服，做着大人难以接受的事吧。

如果妈妈能解放自己的思维，接受这些孩子张扬的个性和怪异的服装，那么妈妈自己的内心也会变得更加宽广，觉得生活也是很幸福的。

“您可别觉得我的建议不切实际，不过您也完全可以和女儿一起扎个耳洞啊。女儿松松的袜子正能衬托出她年轻健美的双腿嘛。所以您尽可能放心吧，不用再干涉女儿啦。您倒不如也了解一下最新流行的时尚，自己也来尝试一下多好啊！”

如果我们能够不再墨守成规，稍微开阔一下自己的视野和心胸，尝试一下新鲜事物，妈妈就能发现，其实我们也可以变得比想象中更自由。

如果孩子想给自己的头发染个颜色，妈妈不妨也一起染吧。让自己尝试一下新发色、展现一个新面貌不也挺好的嘛。

实际上，有个妈妈把女儿的流行元素都试了一下。当时她上初中三年级的女儿“忽然变得有点叛逆了”，于是妈妈也开始放下心结，开阔自己的心胸，尝试起了新玩意。

刚开始妈妈其实也有点顾虑，她担心“我要是也一起染发了，孩子会不会觉得我是在鼓励她违反校规啊？”

但是，她的这些担心是完全多余的。爸爸、妈妈越是在背后瞎操心，对孩子横加干涉，孩子的心里就越是会想“我要是觉得不爽才不会干呢”。

其实从孩子的这个特点出发，家长想影响孩子也非常容易。如果妈妈能够支持孩子，接受孩子现在的样子的话，孩子会更容易接受学校和社会的制度，将来也不会出现什么问题状况。

虽然妈妈还有些顾虑，但她仍把头发染成了稍微靓丽的颜色，又穿了耳洞，戴上了美丽的饰品。随后她也一改以往严肃保守的形象，开始尝试穿上更时尚的服装了。

看到妈妈如此变身，原本有些叛逆的姐姐也有所改变了。她忽然觉得之前染的一头金发“在学校上课

妈妈要首先改变自己，

孩子的内心才会产生变化。

不太适宜”，于是染回比较自然的发色。她在上学时也用肌肤色的创可贴遮盖上新穿的耳洞。她的服装也由之前老师认为的“不像话的衣裳”改为比较适宜的风格。

为什么姐姐会有如此改变呢？可能我们从这个方面考虑就能理解了。

姐姐其实是心理发生了变化。姐姐能够切身感受到，她家原本的价值观是非常拘束死板的，如此严格的家规没有丝毫通融的余地。姐姐原本想以自己的叛逆打破这一令她窒息的家规，而令她吃惊的是，她的妈妈首先动摇了、改变了。而妈妈的这一改变也让原本压在她身上的呆板的家规，“嗖——”的就消失不见了。

通过这些改变，谁是最受益的？谁真正感受到了幸福？又是谁的内心得到了最大的释放呢？其实在这其中最受益的人是妈妈啊。妈妈与她最牵挂的姐姐感同身受，也正因如此，妈妈的内心获得了最大的自由。

而要说到第二个受益的人，第二个感受到幸福的人，我看一定是她家老二了。她们家严苛的家规老二也是切身体会着的，恐怕总有一天她也会不堪重负，她心中的不满会通过拒绝上学或者其他叛逆的行为爆发出来。但是在此之前她会发现，妈妈已经改变了，枷锁早已被打破了。

下一个幸福的人是姐姐。看到家人如此变化，姐姐一定是最开心的。无论之前她是如何外表叛逆，怎样违抗校规，她本人其实过得一点也不快乐，一点也不觉得幸福。而在之后，她也会常常因为不知道该如何面对自己的内心而痛苦不堪。现在，她不必再叛逆也不必再痛苦了，可能她会感到无比的舒畅，无比的轻松。她的肩膀也如释重负，仿佛能“呼——”的舒了口气，终于能够安心下来了。

由于某个孩子让家长多操了点心，而引发了一场家庭小“革命”，家族里的每个成员的意识都得到了革新，每个人都重获了幸福。可能这场革命最后才会落到爸爸身上，让爸爸稍晚一点也获得了内心的解放。其实在这一点上，我也真是挺同情各位男士的。

无论如何，大家不觉得这些让我们操心不已的孩子挺棒的吗？无论兄弟姐妹之中的哪一个孩子让家长多操心一点，哪一个孩子的问题多一点，我们都可以这么想：这个让人操心的孩子啊，其实他那里一直隐藏着幸福的宝石呢。

☆ 拥有异性兄弟姐妹的优势

我的这本书是以讲兄弟姐妹关系为主的。兄弟姐妹因为彼此而能够收获幸福和快乐，也是本书的基调。其实，当一个家庭里不止有一个孩子时，兄、弟、姐、妹之间的“人际关系”是最亲切、最了不起的关系，犹如交响乐合奏一般能在家庭里创造出美好的氛围。

但是我并不认为独生子女就是寂寞的，独生子女就注定会出现什么特有的问题。独生子女也有独生子女自己的优势，他们在物质和心理层面都更容易得到极大的满足，人生也会因此过得非常幸福。

但是对于异性的认知方面，独生子女可能处于不利地位。如果有异性的兄弟姐妹的话，孩子就能很容易学到与异性相处的方式，而独生子女就没有这方面的机会了。

如果有兄弟姐妹的话，即使是同样性别的，他们可以私下交流那些不能在家长面前谈论的话题，彼此切磋那些要回避家长的问题。而对于独生子女来说，在家里很难找到年龄相仿、可以如此畅所欲言的聊天对象。

正因如此，独生子女可能在性这方面比较晚熟。我想这也是一个比较普遍的事实。

既然独生子女有如此劣势，那么拥有兄弟姐妹的孩子，可一定要最大限度地利用这个好条件啊。

爸爸、妈妈在性教育这方面需要做的心理准备其实非常简单。无论家里的几个孩子是同性还是异性的，家长都一概不要插手任何有关性的话题。这样做就可以了。

就在前两天，我所主办的自游空间 SEPY（这是一个解决亲子问题、提供心理疾病援助的机构）召开了一场“老爸会议”。在这次会上我们就恰巧讨论了相关的话题。

当我们开始讨论孩子性教育的问题时，老爸们都是一副不知如何是好的模样。而当我们的交流逐渐深入之后，大家开始一边回忆自己青春期时的记忆，一边坦诚直率地交流了意见。

经过我们在会上一番热烈的讨论之后，大家都得出以下这个结论：

“其实家长啊，对于孩子在性方面的问题以及性方面的困惑，实际上完全感知不到啊！”

无论这点是好是坏，我想这也是一般情况下亲子关系的一个实情。我并不太了解其他国家的情况，但是对于不少日本家庭来说，家庭成员之间是很少讨论关于性的话题的，也很少交流性的知识。因此当孩子在性的问题上有困扰和疑惑时，家长也没有机会给孩子讲一讲、聊一聊，提供一些帮助。比如说，只要孩子没有出现所谓“不单纯的异性交往”，也没出什么“情况”的时候，爸爸、妈妈就不会和孩子多说这方面的话题。

而在这方面家长所欠缺的部分，要是有兄弟姐妹的话，就能互相弥补帮助了。

对于各位妈妈来说，可能有不少人对于这个事情都十分在意：

“女儿的月经初潮之类的事情，还是对儿子瞒着点比较好吧。”

其实这样做完全是不必要的。这正是一个对孩子很好很健康的性教育的机会。女孩子会有月经是正常的生理现象，如果她们的兄弟能够借此在生活中了解到这些知识，也会让男孩子自然而然对异性产生一份敬意。

东实女士现在正是一岁孩子的妈妈，她边回忆边说：

“我上初中的时候，曾经有一次撞见了弟弟打手枪的样子。要说吃惊吧，我当时还真没有。我就觉得：噢，原来男孩子会这么做啊，很自然地就接受了这件事。因为我自己有时也会自慰，所以我只是觉得原来这点男女是相同的吧。”

但是东实女士也说，那次之后她也并没有和弟弟再过多交流任何有关性的知识。

“但是当我弟弟交女朋友的时候，我也给过他一些小建议。女孩在遇到男孩时会有怎样的心情，会有怎样的反应。我也曾经把有关的情况，无论是好是坏都教给弟弟呢。我现在也是，要是不了解男朋友的感受或者有性欲方面的问题，也可能会请教弟弟呢。”

你看嘛，有兄弟姐妹的孩子多幸福啊。尤其对性这一方面，他们心里落落大方得很呢。

对于爸爸、妈妈来说，只要能够理解兄弟姐妹这样的关系，不要给孩子们多余的干涉就行啦。

☆孩子不会永远“只喜欢妈妈”

如果家里的孩子超过一个的话，就常出现有的孩子和妈妈亲、有的孩子和爸爸亲的状况。

在日本的家庭里，由于“爸爸缺失”的情况占有相当大的比例，可能在日常生活中，我们能够更多地感受到“孩子们都是站在妈妈一边的”。但是在很多见证内心的关键时刻，我们会很惊讶地发现，有的孩子和爸爸是站在同一战线的。

有关这一点，各位妈妈最好也可以从夫妻关系的角度来理解这个问题。

“孩子们都是更喜欢妈妈的，孩子们都是和妈妈一边的。”

尚处于幼儿时期或者上小学低年级的孩子们当然都会这么想的。但是如果孩子再长大一点的话，这个状况可能就会有所改变了。

孩子们其实公平得出人意料。可能各位妈妈都不得不承认吧，孩子们都很喜欢爸爸，很爱爸爸。对于孩子来说，爸爸和妈妈是同等重要的人。

离婚可能是人生的一个重大变故。经历过这个过程的纯子女士现在回想起来，这样说道：

“那时啊，我的孩子们都还没上初中呢。我那时候一直坚信两个孩子肯定都会跟我一起的。但是没想到，到了最后我的大女儿选择和爸爸在一起。我当时被打懵了，就那么呆愣在法庭上，心里头恍恍惚惚的。我的孩子们啊，他们怎么居然选择要离开我？怎么居然会弃我而去？怎么会选择跟那男人在一起生活呢？我那个时候简直百思不得其解啊。”

夫妻双方一旦走上离婚这条路，他们在其中会经历一系列的心理动荡，这些都是夫妻双方所必须承受的苦涩。与此同时，其实孩子们也被推进一个充满不安、难过以及痛苦的窘境。夫妻二人不仅身为人父人母，也是作为男人和女人的。他们肯定会努力让孩子摆脱这些负面的情绪，让孩子的心理和生活都能够安定下来。但是其实离婚时家长本身已经自顾不暇了，往往难以顾及孩子的感受。

“我要同这个男人分手了，孩子们肯定都会跟我、不跟他的！”

如果有这种想法的话，可能这个女性的心中有些过于傲慢的情结。

“我要和妈妈一起生活！”

年少的弟弟这样告诉妈妈，他也对纯子女士如是说道：

“我能够理解姐姐的心意。我其实也很喜欢爸爸的。我想姐姐可能比我还要更喜欢爸爸。她觉得爸爸要是变成一个人了，实在太可怜了。”

纯子女士这样说道：

“那时的我啊，实在是太傲慢了。当儿子这么说的时候，我还是没有能够理解孩子的想法。我只想着：那个男人不仅把我的女儿抢走了，还让我的儿子也同情他，他实在是太卑鄙、太无耻、太没用了！我当时只顾着自己发火，也把这些都一股脑的骂到对方头上。”

这样肯定也不会是一个完满的结局。其实导致离婚的矛盾，很多时候是由于夫妻双方都过于自我，也过于自私。

在这个过程中，作为父亲的一方先冷静了下来。纯子女士也是在很久很久以后，才从女儿口中听到“当初‘爸爸是这么说的’”。

“你愿意在离婚之后跟爸爸在一起，我真是非常高兴啊。爸爸也因为你非常的感动。但是，我觉得你可能和妈妈在一起生活会更好吧。你们难得两姐弟的关系那么好，要是从此分别两地，该有多么难过、多么可惜呀。你现在选择和爸爸在一起，弟弟选择和妈妈在一起。你们姐弟两个人啊，已经给了爸爸、妈妈无限的勇气和力量了。所有的这些爸爸都会深深地记在心里。我永远不会忘记你们是这么坚强、这么温柔的孩子。”

即使我们的家庭彼此关系再和谐，我想妈妈仍要始终记得，在几个孩子里如果有哪个孩子和自己的关系更亲密，那么肯定会有某个孩子会在某种程度上和自己的丈夫，也就是孩子的父亲更加亲密。这是必然的。

其实我们家庭中的关系，也正因如此才可以保持一个平衡的状态。每一个孩子都为了自己内心的安定，为了调整家庭关系，而凭直觉选择是和妈妈更亲近还是和爸爸更亲近。

“你和爸爸很合得来呢。总是和爸爸特别亲昵是吧。妈妈啊，真是特别喜欢你这样的本心呢。每当我看到你和爸爸在一起言谈欢笑，妈妈也能感受到爸爸是个多么有魅力的人呢。”

如果妈妈能够说出这样的话，该有多棒啊！

其实孩子们往往不是自己选择和父母哪方更亲近，而是巧妙地分担着不同兄弟姐妹的角色，平衡家庭的关系。我希望妈妈们再看到每个孩子的不同选择时，能够记得这一点。

当孩子能和父亲同心同德时，他们也同时维系着夫妻感情的纽带，让爸爸、妈妈之间的牵绊更加紧密了。从爸爸的立场看来，孩子正是一面镜子，可以让他揽镜自省。和妈妈更亲近的孩子也是如此，他们的内心都是多么纯净善良啊。

“那个孩子啊，总跟他爸爸站在一头的。真是没有办法啊，那个孩子实在太像爸爸了。他既然喜欢爸爸就由他去吧。我只要有其他孩子和我更亲近就行了。”

居然还有妈妈能够满不在乎地说出如此荒唐的话。她的想法实际上将夫妻感情一笔抹杀了。一家人虽然住在同一个屋檐下，但心却是分崩离析的。每个人的心都是背道而驰的。

只有孩子之间和睦了，夫妻才会更和睦。而当夫妻感情更深入了，孩子之间的感情也会更密切。家庭的关系其实一点也不复杂，就是这么简单。

☆恋母情结是老大严重，还是老二严重

可能您也常常听说“恋母情结”的说法吧。这是指母子之间相互的心理依存异常深厚，使得孩子和母亲都无法离开对方，也无法自立。这个状况往往是由于夫妻感情的淡漠以及夫妻之间缺乏交流而造成的。

那么，这种恋母情结，在几个孩子之间到底和哪个孩子发生的危险性最大呢？

如果这么说的话，是不是独生子女会是更危险的呢？您肯定会这么想吧，但是出人意料的是，独生子女反而鲜有恋母的情况。

如果我们把事情简单化，就是以下这个情况。作为独生子女的妈妈，她们很早就能从养育子女的最疲劳的时期解放出来。也就是说，作为全职家庭主妇的话，独生子女的妈妈很早就能享受到更多的轻松

时刻。

既然有了空闲的时间，那么，妈妈们很愿意再开阔一下自己的生活。她们也会用更多的时间去维系夫妻之间的感情。

如果从独生子女的角度来看，家里只有一个孩子，孩子也不用一直承担着保护母亲的角色。所以独生子女可能很早就会产生“我可不能总是黏着妈妈”的想法，于是很早就会独立。

独生子女的妈妈也会有相应的想法呢：“我家里只有一个孩子，我可得让他更独立啊。”于是妈妈也会主动要求孩子更加独立自主。

如此看来，在多子女的家庭里由于每个孩子分担着不同的职能和作用，可能形成恋母情结的条件会更加成熟。

因此可以说，独生子女家庭发生恋母情结的危险要比多子女的家庭小很多。但这点没有充分的理论可以证明。虽然我作为临床心理咨询师，并没有对这方面有特殊的研究，但是我感觉应该是这样的。

那么，让我们来分析一下，老大和老二，到底哪一个更容易恋母呢?

即使家里只有两个孩子，这个问题也并不简单。如果老大是女孩，老二是男孩的话，老二男孩的可能性大；如果老大是男孩，老二是女孩的话，绝对是老大男孩的可能性大；如果是两姐妹的话，那么大姐的危险更大；如果是两兄弟的话也是如此。另外在分析具体情况时，我们也要考虑妈妈和每个孩子的性格秉性是怎样的，才好进行判断。

如果我们把条件里老大，老二、男孩，女孩的因素去除的话，就能找到一个更简单的判断标准，就让我们单刀直入地分析吧。

“这个孩子好乖啊。我说什么他都会好好听，让我一点儿也不用操心。这么好的孩子，让我以后也会很轻松的。”

如果妈妈在养育孩子的过程中总是产生这样的想法，那么，发生恋母情结的危险是最大的。反之，“这个孩子太不听话了。我让他做什么他总是不肯做。这要是长大了我得操碎了心了。”如果孩子让妈妈产生这样的感觉时，其实我觉得发生恋母情结的危险是最小的。

如果我们以这个判断标准，再重新加上老大、老

二、男孩、女孩的因素看兄弟姐妹的组合的话，发生恋母情结最危险的恐怕就要数两兄弟里的大哥了；第二位是两兄妹里的大哥；第三位是两姐弟里的小弟，以及并列第三的两兄弟里的小弟；再其次是两姐妹里的大姐；最末位的是两姐妹里的小妹。如果大略的分析一下，我觉得可以排出这样一个排序。

总而言之，男孩子最危险，而且理由也非常简单。同性相斥，女儿由于和妈妈是同一性别的，因此能比儿子更自然地批评妈妈不对的言行。我们也可以因此认为，在兄妹或姐弟组合的孩子之间，女儿也承担着避免形成恋母情结，让儿子远离这种危险的角色。

如果家里孩子有三个、四个，或者更多的话会如何呢？

非常简单。当家里的孩子越多，兄弟姐妹越多，发生恋母情结的危险性就越小。其实孩子多的话，家里就总是吵吵闹闹的不得安生。每个孩子都自得其乐，各司其职，家长也不可能对哪个孩子有过多干涉，对哪个孩子有过多保护。不过如果家里有两个女儿，一个儿子的话，可能妈妈会更容易对男孩子过多干涉和保护，所以，我想这是一个例外情况。

其实恋母是少子化的核心家庭所衍生出来的问题。当父亲和丈夫的角色在家庭中长期缺失，我们就可以认为发生这个问题的危险性非常大。

☆兄弟姐妹的组合不同，会有怎样的差异

话说回来，我亲爱的读者，您是出身于怎样的家庭呢？您有同性的兄弟姐妹么？或者您是一位独生子女？无论怎样，您可能都会非常认同我下面的观点吧。

“我家里都是兄弟，上学也是一直上着男校。正因如此，我一直到青年时代，对于女性还是非常不了解。我不知道该怎样和女性接触，真是头疼得很啊。”

“我家里是三个姐妹，三个人都是去女校上学。结果我们一到男性面前就紧张，总是语无伦次，手足无措的。”

可能这也是老生常谈了，有的女性会产生如此

想法：

“我们一家都是女孩，上的也是女校。这个实在是帮倒忙。我其实并不知道女人该怎样温柔体贴，也不知道女人该有什么行为举止。说实话，我可一点都不觉得做女人有什么好的。”

确实常有这种现象，从女孩家庭和女校出来的女人，反而更没有女人味。

不管是男人味、女人味，也不管是男性魅力、女性魅力，其实都是人生于世不可或缺的因素。

孩子们是从青春期开始的性发育，他们从自身的变化开始逐渐了解性是什么。无论是作为男性还是女性，孩子们的心理和生理都向成年人发展了。如果孩子在经历青春期时，身边没有同龄的异性存在的话，他们也没有机会去了解有关异性的知识。由于缺乏与异性的近距离交流，他们也就不具备比较完整的经验和体会。

如果发生了这样的事，我们不妨参考刚才所说的三条意见。

在如今这个年代，男女交往早已更加开放了，恐怕再没有人会遵循儒家古书《礼记》中所云“男女七岁不同席”的教诲了。

但是仍有人认为“让女儿上女子学校会比较安心”，他们一直憧憬着能成为“想把女儿养好的家长”，而这样的家长其实不在少数。还有很多家长都认为“让儿子去上没有女生的男校的话，孩子在重要的考试阶段不会分心，学习会更好”。

当然除了这些狭隘的想法之外，我知道男子学校和女子学校都有自己独有的优势。但是，如果我们想让孩子耳闻目染男女之间的差异，让孩子切身体会所谓男性的刚强如铁和女性的温柔如水，我认为让孩子从青春期时在男女同校的环境里生活会更好。

另外，如果孩子没有异性兄弟姐妹的话，就更有必要这样做了。如果在孩子的成长过程中，身边只有爸爸、妈妈而没有同龄的异性的话，他们会因为从未感受过异性的吸引，自身就更难具备身为男人、女人的魅力了。更糟糕的情况是，孩子们只能从父母那狭窄的窗口处获知有关异性的知识，可能也会造成孩子性格的缺失和心理的残缺。

异性的魅力、性感的诱惑，这些都是人生的润滑剂。在我国的教育界里，还残留着“这些都会导致青少年产生性欲”的误解。如此不通情理的思维风潮既否定了孩子丰富的情感需求，也泯灭了孩子感性的人性追求，我想这实在是太令人遗憾了。

有位女士如此坦白说道：

“我在一个完全没有男性的环境里长大，完全不知道该如何与男性保持距离。刚开始和男性接触时我还很惶恐，但当我打开了这个封闭的闸门后，却经历了一段与多个男人纠缠不清的时期。”

其实异性的兄弟姐妹从这个意义上来说，承担着彼此的性知识学习对象的角色。对于没有异性兄弟姐妹的孩子来说，家长最好在心里铭记这个观点：“可能让孩子上男女同校的学校会更好一些”。

☆两个孩子会在青春期时互相帮助

青春期，在这个时期中孩子们一个接一个，飞一般地从父母身边离开了。孩子们不仅离开了家长的感知范围，更离开了父母的约束，像脱了缰绳的马儿一样跑远了。

其实，我们也是希望孩子这样的。如果孩子永远蜷缩在家长羽翼的庇护之下的话，我们反倒会担心的。我们做家长的啊，有时候可能也是眼不见、心不烦，总觉得孩子离开了我们也就踏实了。如果我们总担心孩子前面会遇到什么危险的话，恐怕家长的心也难以安定。

所以，当孩子们开始进入家长所不熟知的世界时，我们就来一起为他们高兴，为他们喝彩吧。

“你已经长大啦，是个大孩子了呢！你将来一定可以超过爸爸、妈妈呢！”

其实真是如此。只有那些脱离父母羽翼庇护的孩子，才有可能拓展更广阔的世界。

当孩子离开父母的保护之后，他们会与自己的兄弟姐妹更加亲密，也会更能理解彼此。即使兄弟姐妹之间不能频繁交流，孩子们肯定也能够了解对方的心思行动。他们彼此体谅，互相守望。

对于这样的手足之情，父母完全可以给予百分之百的信任。即使家长并不了解孩子们具体在说什么，在做什么，只要他们兄弟之间彼此通气，相互保守着对方的秘密，最后也肯定错不了。

我们人啊，即使是一个人孤立无援，也会想办法与其他人建立联系的。比如说，即使孩子和父母之间的关系很紧张，只要他们能和兄弟姐妹之间保持沟通，不断往来，就不会陷入完全孤立的境地。

即使孩子中有一个人对家长关上了心门，兄弟姐妹之间不同的角色也会起作用，总有另一个孩子能够作为他们亲子之间沟通的桥梁。那个对家长关上了心门的孩子，也能够更加依赖另一个孩子。

“那个孩子啊，不知道他到底在想什么呢。到底

孩子到了青春期就有了自己不想说给爸爸妈妈听的“小秘密”，这时兄弟姐妹就担负起“桥梁”的角色。

有没有事啊？”

如果妈妈私下打听的话，可能那个担任桥梁角色的孩子会三缄其口呢。

“可能没什么问题吧。反正有问题他也能自己处理的。”

其实家长能得到他如此的回答就已经足够了。如果另一个孩子真的发生了什么事，到时候不用家长去打听，他一定会毫不犹豫地告诉家长的。

“他啊，可能碰到点麻烦事呢。你们能不能稍微帮他一下啊？”

因为兄弟姐妹之间是经常互通消息的，所以当这个孩子这么说时，家长就一定要出手相助了。家长这个时候就要抛下所有为人尊长的虚荣和面子，一定要不耻下问，尽一切可能帮助孩子解决问题。

但是，如果中间人说：“没事的，他自己能解决的。”这个时候无论家长心里有多么焦急，也不应该出手干涉。家长要做的是：在孩子身后保持一定距离，默默守望，不去说教也不去干涉。最好的方法就是家长尽可能以一颗平常心，让孩子知道父母永远是他的坚强后盾。

不用担心！在这种时候，手足之间一定会互相支撑、互相依靠的。其实在兄弟姐妹之间，他们不知不觉就会促进彼此的独立自主意识的形成。

如此看来，我们更能发现兄弟姐妹之间的关系是如此重要。作为家长的我们更是希望孩子们能彼此友爱，团结向上，而千万不能让孩子们互相较量，产生傲慢的优越感或者不如人的自卑感。

无论是老大还是老二，不满的情绪都能用爱化解

“她啊，总是在我高兴的时候捣乱！”

有个孩子向妈妈如此告妹妹的状。

“他总是惹是生非，老是让妈妈操心。结果我反倒落得没人管，一个人好委屈。”

有个男孩子，也这么控诉着对哥哥的不满。

无论是老大还是老二，其实每个孩子都会对亲生兄弟姐妹有所不满。很多时候孩子的这些不顺心、不如意，可能也会影响到他们长大成人之后的生活。孩子们这些隐忍不发的不满，总有一天在面临人生重大抉择的时候会爆发出来。不仅如此，孩子们对于手足之间这些隐忍的不满也会以对社会不满的形式表现出来，到那时，这些小小的不满情绪就可能会引来严重

的后果。

拥有兄弟姐妹的话就一定会产生不满的情绪吗？

确实如此。但是如果家长不在意兄弟之间的矛盾，不理会孩子产生不满的原因，不反复探索其中的根结所在，而如常地过日子，那么孩子的不满就会不断积蓄、不断放大。孩子长大后往往会成为情感冷漠、吝啬付出的人。他们也会常常牢骚满腹，将对他人的不满挂在嘴边，人际交往也难以顺利。

如果大家仔细想一想孩子的幼儿时期，就会发现那时候的兄弟姐妹之间的关系是非常简单的。如果孩子对其他兄弟姐妹有所不满，他向父母告状时肯定会夹杂着“妈妈能不能更爱我一些啊！”这样的想法。

其实孩子一向如此。无论孩子长到几岁，即使他们已经长大成人了，心里的这些诉求仍是不变的。

“妈妈爱我没有爱他（她）多。妈妈对那个人更偏心。”

“他（她）老是装出一副乖孩子的样子讨妈妈开心，我却老被妈妈教训。”

“他（她）为人处世特别会讨巧，总是被表扬。我真没用，总是被妈妈批评。”

“虽然他的成绩好，但是他心眼可坏了。我老是被他欺负。可是妈妈总是不在意他心眼那么坏!”

其实每一个人，只要得到妈妈的关心和爱护，他们的这些不满和伤心都能够得到治愈。所以请各位妈妈哪怕只花一点时间，对“那个孩子”多一些关心、多一些关注，用妈妈最温柔的母爱去化解孩子们心中的不满和伤痕吧。

如果分开来看的话，其实我们确实可以把老大和老二的不满给划分出不同的类别。

“从我小时候开始，妈妈因为生了老二所以就顾不上管我了。”

“我作为长男（长女），总是背负着父母的殷殷期望，可是老二就没负担，可以自由地飞翔。”

这是非常典型的老大的不满。如果老大的这些不满不能被打消的话，总有一天会造成严重的影响。

“我总是得捡哥哥、姐姐的旧衣服、旧玩具，总没有新的东西。”

“爸爸、妈妈总是努力去参加老大的运动会还有家长会，对我的事就是随随便便地应付了事。”

这就是非常典型的老二的不满。同样的，如果父母不能打消老二的这些不满的话，也是会对老二的将来有所影响的。

如果我们仔细想一想就会发现，孩子的这些想法有不可思议的相同之处。不管是老大还是老二，他们不满的根源都是对于母爱的渴望。如果孩子的这些不满不能得到补偿，就会对他们今后的人生产生一定的影响。总而言之，妈妈是否能够满足孩子的心理要求，会直接影响到孩子内心产生积极还是消极情绪，也会左右他们能否具有在这个世界上收获幸福的能力。

孩子的不满，可能直到妈妈离开这个世界时还会对他产生深远的影响。孩子对于妈妈的不满，会在将来以对社会不满的形式表现出来。

如果妈妈看到孩子有什么不满或者委屈，无论是老大还是老二，都请一定要先试着自问一下：

“孩子不满的原因会不会是因为渴望我的母爱呢?”

如果妈妈能够平心静气地反省一下，就一定能够发现“果然如此啊!”

其实孩子无论是强烈的反抗，还是选择封闭起自己的内心，都是在表达自己内心的不满情绪。在这个时刻，请妈妈们一定要记得反问自己一句。

妈妈的责任很大啊。我想每位读者读到此处，都会有所感悟吧。手足实际上彼此分担着妈妈的很多责任，让妈妈的负担变得轻松了许多。

其实责任越大，快乐就越大，幸福也就越大，能够得到的满足也就会越大。请各位妈妈不要担心，请一定不要质疑，您作为母亲所持有的伟大而神秘的力量。请您成为一个相信母爱的宽广与深厚的人吧，成为一个即使一时困惑但肯定会迷途知返的人吧！

以前家里的独生孩子，现在多了一个伴；或者本来家里有两个孩子，现在又添了老三。其实从另一个意义上讲，这也是为母亲提供了一个让自己的内心变得更强大、更充实的机会。咱们家里的孩子们一定能够让母亲的心也更加成熟的。

请各位妈妈都能够成为永远可以体会到如此幸福的人吧！

在接下来的一章里，我就来教给大家，究竟要怎样做才能得到真正的幸福。

第四章

怎么做才能让妈妈和孩子们都得到幸福

☆ 请妈妈不要总把自己的需求摆在最后

“我可都是为了你们呀！都是为了你们，妈妈才会那么辛苦！我每天都要为了你们，没完没了地操心呀！”

我觉得这样的说法非常令人吃惊。我想，用这样的话语诉说的关爱，是多么寂寞的爱啊！被母亲用这样的感情所照顾的孩子，无论是老大还是老二，都会在心里一边积蓄着负面情绪一边成长。

听了我说的话，各位妈妈都用充满疑惑的目光看着我：“这样做不好吗？”

我说：“大家可以把孩子的幸福稍微放一放。最重要的是，请大家一定要让妈妈自己变得更幸福啊！”

有一种说法不知是谁提出来的，但是很多妈妈们都笃信着这样的观点：

“无论如何，大家一定要把孩子放在第一位。所谓的母爱，就是即使牺牲掉自己的生活，也要努力培养孩子长大。”

有那么多的妈妈，一直被这样的观点所左右着。

其实只要大家回忆一下自己小时候的生活，就能理解这样的做法了。你的妈妈在你的小时候，每天是以怎样的表情、怎样的心情来度过每一天的呢？

如果你的妈妈时常带着温柔的微笑，总会把她对世界幸福的感悟和真诚的感动传递给你的话，我想你的童年一定是非常幸福的。这种幸福与家庭的经济条件无关，你的心灵是富足的，你的精神是饱满的，你是沐浴着母亲温柔的关爱长大的，你会觉得“我能够来到这个世界上，度过我的一生，真是太好了！”

如果你的母亲时常担惊受怕，做事总是焦躁不安，说起话来从不顾忌。她对孩子也不满意，对自己的人生也不满足，对你的爸爸也总是牢骚满腹的话，那么，我想你小时候的记忆一定是非常阴暗，被痛苦所笼罩的。无论你的家庭经济条件是多么的优越，一个满口埋怨、牢骚满腹的老妈都会给你的童年记忆蒙上一层阴影。在这样的妈妈的影响下，你在经历过童年生活后，恐怕会觉得“在世界上生活真是太难了。有那么多事情我得操心，有那么多麻烦让我去解决。我干什么事情都不那么顺利。要是稍微有点闪失，总有一天我就会大难临头，真是半点也马虎不得啊。”恐怕你会整天担心这些事情而惶惶不可终日。

我这么说你就能理解了吧。在孩子将来能得到幸福以前，孩子的妈妈一定要在当下感到幸福。我想这样说，各位妈妈就能够完全理解我的意思了。

不过，可能还有个别妈妈不能完全接受我的说法。

她们会说：“尽管如此，但是只要想到孩子的将来，我就怎么也放心不下。我自己也不想那么焦躁不安呀。我每天担惊受怕的，却又都压抑在心里，真是太难受了。要是您有什么好办法能够立刻打消我的担忧和顾虑，该有多好。但是，这个世界的现实就是这样严酷的呀，丈夫的事情我得悉心处理，孩子的事情我也得照顾周全。整个家庭里各方面的事情，都得我一手安排，生怕出错。真是累得我每天连一点休息的功夫都没有啊！”

只要你能静静地想一想就一定能够理解的。你所有的不平、不满、担心、焦虑，实际上并不真的存在于你的生活中，都是你内心的情绪。你把本来就不该去关心、不用去上心，甚至完全没有必要去花心思理会的事情全部装在心里了。

这样做的话，那些本来可以不必在意的不平、不满、担心和焦虑，你却一股脑地统统装到自己心里，然后就成天嘟嘟囔囔、唠唠叨叨、满口牢骚，是你主动让那些不幸和烦恼影响了你自己啊！

☆妈妈自己的幸福很重要

有这么一个妈妈，她的家里有三个上中学的孩子。这三个孩子只要放假在家，就常常吵嘴打架，闹得不可开交。所以只要一到长假，这位妈妈就总会向我抱怨着："我现在一回到家里头就好疼啊！再这么下去我可就要生病了，我的身体都累得不行了呢。"

"哦，是这样的呀。但是，你要想解决这样的问题，其实很简单呢。"我一边带着一丝狡猾的微笑看着她，一边这样说。

"这才不可能简单地解决呢。你可不知道啊，我那几个孩子不管我说什么，就好像没长耳朵一样，根本不听啊！"

"你要是在家里被吵得头疼的话，找点事情出去就可以啦。你的孩子都上中学了，妈妈不在家也能照顾自己啦，饿不着也冻不着。要是嫌孩子在家里太吵的话，你外出避难就行啦。”

这位妈妈大吃一惊：“啊？原来我还能这样做！”

“就是这样的呀。你要是出门的话，乐子就多了。你可以去逛逛街、看看电影、下个馆子，或者约个朋友一起去唱个卡拉 OK 也挺好的呀。”

这位妈妈还是有点犹豫：“虽然你这么说……”

“这样不可以吗？还是你有什么理由不能出去？”

这位妈妈说：“要说理由的话……就是我到现在为止，从来没想过还能这么做啊……”

虽然这位妈妈刚开始的时候很是为家里三个吵闹不休的孩子苦恼，但随着她常常走出门去转换心情，渐渐地体会到外出的乐趣了。无论是外出时搭配衣着服饰，还是化妆打扮，她都渐渐地得心应手，人也愉快了许多。

不过也有点小问题。因为她比以往出门的次数多了，她的丈夫——家里的爸爸稍微有点怨言。

我建议她：“这好办啊，等你丈夫休息的时候，不妨邀请丈夫一起外出不就行了。”

这位妈妈还是很迟疑：“哎呀，我们俩很少一起出门逛街呢……”

但是最终她还是下了决心，邀请丈夫一起出去，两口子和和睦睦的什么问题也没有。他们两个人一边恩恩爱爱地散步，一边聊着孩子的事情。丈夫也感慨：“哎呀，我以前没多在意，其实老婆你在家里照顾孩子很辛苦啊！”得到丈夫的理解后，他们夫妻二人感情更好了。

这位妈妈之后跟我说：“我们自从有了孩子之后，夫妻之间真正的交流越来越少了，我甚至有时候感觉面对丈夫几乎无话可说似的。但是现在我们两个出门好像约会一样，我们甚至会为了对方专门打扮一番，好久都没有的夫妻二人世界又回来了。”

我问：“那你现在感觉怎么样啊？”

这位妈妈对我眨眨眼睛，莞尔一笑。

“要说到孩子们啊，他们照样斗嘴、照样吵架，我不去管他们也没什么大不了的。我发现啊，好像我不在家，孩子们反倒该学习就学习，该做家务就做家务了。”

她还告诉我：“其实我本来也没有一点闲工夫呢。做妈妈的总是忙碌不休，不知道给自己留一点时间。

妈妈和爸爸一起散散步，聊聊孩子的事情，可以增进夫妻的感情。

那是因为我已忘了，除了做妈妈，自己其他的生活是怎样的。现在的我过着让人家羡慕的生活，我也逐渐觉得自己真的很幸福。孩子们也对我说：‘最近妈妈看起来心情不错哟，脸上总是乐呵呵的。妈妈呀，你要是能一直这样快乐，我们就最开心了。’听孩子们能这么说，我真的很感动。”

妈妈的幸福、妈妈内心的喜悦，都是能够全部传递到孩子的心里、丈夫的心里的。如果妈妈总是过分操心，总是处于疲惫的边缘，一点点自己的时间都没有，总是一副焦虑烦躁的样子，那妈妈的这些负面情绪也会全部传递到孩子和丈夫心里的。

妈妈是什么？妈妈其实就是一个家庭中这样的存在。正因如此，为了孩子的将来考虑，为了整个家庭考虑，妈妈与其总是焦虑烦躁，倒不如先让自己变得幸福起来。这才是最重要的事情啊！

☆ 让妈妈也拥有自己的快乐时间吧

1997 年 6 月 1 日的《朝日新闻》早报的家庭栏里，刊载了一篇很棒的文章。文章讲的是一位来自山口市的 TN 女士（33 岁）的故事，就让我简要地给大家讲一讲这篇文章吧。

清晨，我早早起床整理家务，给小宝宝喂了奶也准备了辅食，丈夫很快地享用了早饭。我打扮得漂漂亮亮，赶去许久未踏足的美容院。还是很疲劳啊，我一边躺在美容院的洗头椅上舒舒服服地享受洗头服务，一边想着“要这么睡着也挺好的……”悠闲的时光一晃就过去了。我走在回家的路上，头发清清爽爽的，心里也高高兴兴的。路过街角的花店，我忍不住买了许多漂亮的鲜花，钱包一下子变得好轻啊。然后我就回家了。

“我回来啦！”我精神饱满地进了家门，丈夫抬头看我说：“你好像看着变年轻了。”儿子和女儿也兴致勃勃地围上来：“好棒啊！妈妈好漂亮！”“真好看啊！”七嘴八舌说个不停。我满心欢喜，美滋滋地对着镜子照个不停。看来不只是丈夫，连孩子们也喜欢妈妈这个新打扮呢。

我其实好久没有好好打扮过自己了，回味一下每天忙忙碌碌的自己，今天的经历真是让我感慨万千啊。

你看，仅仅是这样一点小小的改变，就让我们能够体会到幸福的感受，让我们有时间低头去嗅一嗅花朵的香味，心里充满了幸福的味道。只要妈妈体会到了幸福，感觉到了愉快，就连孩子和丈夫也能感到幸福。

家里要是孩子很多，其实妈妈每天要做的家务劳动就能堆积成山。但是，有很多妈妈无论要做的家务如何多，都不会焦急，不会烦恼，也不会成天抱怨着“好累啊！我好辛苦呀！”她们能一边把家里整理得井井有条，一边给自己留出时间，能够读一两本书也会感觉很愉快呢。

妈妈偶尔给自己换个新造型，

就能收获一天的愉快心情。

另外，也有这样的妈妈，她的家里虽然只有一个孩子，家务活儿也没那么难以负担，但她还是整天牢骚满腹，总是抱怨着“好累啊！我好辛苦呀！”对于这样的妈妈来说，即使她有点闲暇时间能看看电视什么的，也仍然会觉得“这才不是我想要的属于自己的自由时间！我累得连换件衣服、好好化妆的力气都没有”。她连最低限度的化妆都懒得做，整天一副愁眉苦脸的倦容。

其实归根到底，无论孩子是多是少，家务劳动是轻是重，这些都不是真正的问题。最重要的是，一个人是否有智慧能为自己解忧，能为自己创造出时间休息，仅此而已。

来到我这里接受心理咨询服务的妈妈们，最开始的时候也总是一副满脸疲惫的倦容。她们都说真是没法子啊，孩子呀、丈夫呀、亲戚呀，家里那么多烦心事都得她们一个人张罗，怎么可能轻松自在，怎么可能笑得出来啊？

其实她们不仅仅是表情阴郁，很多人的皮肤也是干燥枯黄，头发也是乱蓬蓬的。她们顾不上化妆，顾不上梳洗装扮，更顾不上搭配衣服了。

随着我们心理咨询的深入，我们讨论到孩子和丈夫问题的真正原因，虽然孩子和丈夫仍和往常一样，但是妈妈们的表情已经有了变化。她们眉宇间的皱纹渐渐松开，表情也轻松愉悦了很多。她们的皮肤渐渐变得紧致，头发也梳得齐齐整整的。她们不仅更加重视自己的化妆和衣着打扮，连头饰、项链也都精心搭配。

当她们达到这样的状态时，差不多都会和我说起这样的话：

“可能要真正解决问题还需要点时间，但是我不再整天闷闷不乐，心神不定了。我渐渐懂得让内心平静的方法了。人啊，其实无论现在是什么状态，自己的幸福都可以从内心深处找到呢。”

之后的发展顺理成章，当妈妈的内心得到了平静，她们和孩子们的关系也会有所好转，和丈夫的关系、和家族里其他人的关系、和邻里的关系，以及和周遭所有人的关系都会渐渐有所改善的。

母子关系、夫妇关系、人际关系都是增进幸福的基础。当妈妈这一方得到了幸福，那么其他人，尤其是孩子，会得到更多的幸福。

☆深呼吸，把所有的不满、担心等负面情绪都排出体外

“原来如此啊！道理我都懂了。但是我现在还要照顾几个孩子，确实每天挺累的。虽然我也想努力寻找自己的幸福，但是无论我怎么努力，还是忍不住会整天担心，心神不定的。就拿昨天来说吧。我本来想着轻轻松松地出个门，结果还是忙得不行，走不开啊！”有很多妈妈一边叹气一边对我说。

对于这样的妈妈，我的建议是这样的：

“可以利用深呼吸的方法，让自己放轻松。当你熟练地掌握深呼吸的方法之后，就连你看待世界的方式也会有所改变呢。那些原本让你心神不安、担忧不已的事情，你也会有办法解决了。”

我这里所说的深呼吸，听起来好像是一种特别的

方法，其实操作起来一点也不难。这只是一种普通的深呼吸法，只要知道了方法，谁都做得到。

吐气的时候要从小腹的底部开始发力，从嘴里“嘶——”的吐气，然后愉快地结束吐气，再从鼻子里深吸气，充足地吸入空气。

在吐气的时候要想象着：“要将在身体里深藏的所有担心、困倦，身体里的疾病，全部随着呼气排出体外。”

在吸气的时候要想象着：“要将清爽的能量随着吸气的动作注满体内。”

只要进行这样的几次深呼吸，你的内心就会变得轻松很多。你就会感觉很松弛，愉悦的情绪就会注满你的身体。

虽然有人可能会质疑：“我只是做了几次深呼吸，什么现实都没有改变啊！”但是无论如何，请一定不要轻视深呼吸的效果。

当人心神不安、担惊受怕、内心焦虑不安的时候，人的身体里是会产生以下生理变化的：

首先人的血压会上升，呼吸会变浅；然后呼吸的次数会增加，脉搏会加快；最后你会觉得肩膀以及身体各处的肌肉会变得紧张、发硬。

“我心里怎么也不踏实，总是惶惶然坐立不安。我根本不能好好思考问题了，只能冒着汗来回踱步。”

当人处于这种负面情绪中，当我们的内心总是处于不安定的状态时，也是会造成身体上的变化。我们的意识以及心理的状态最终会影响到生理，造成肉体的“变调”。

有一种说法是“心里一烦躁，心脏就哆嗦”，其实这句话是有科学道理的。当人处在焦虑不安的状态时，心脏和呼吸也会随之进入紊乱的状态。曾有人“愁得一夜之间白了头发，脑子也乱了”，这也是由于人的血压上升，造成大脑不能正常运行的状态。有人说“太烦躁了，都没办法承受了”，说的是人的身体没法承受生理的紧张。

通过深呼吸，可以首先把紧张造成的浅呼吸重新恢复为正常呼吸，也可以将变快的呼吸频率调整为正常节拍。在不知不觉间，能够放松身体各处紧张的肌肉，同时也能让过快的心跳稳定下来，将血压调整到正常的水平。

总之，由于人自身的意识而造成所谓“心里一烦躁，心脏就哆嗦”，这种生理上的“变调”可以通过深呼吸的引导而平静下来。当内心平复下来时，人对事物的判断能力也能够提高，解决问题的能力水平也能随之加强。

人的心灵与身体的关系就是如此的紧密。因此通过做深呼吸的调整，不仅可以让身体逐渐稳定，也可以让内心得以恢复平静，达到双重的效果。

让我来给大家讲一个我自己的故事吧。

我在写这本书最后一章的时候，已经过了截稿期好几天了，其他亟待我去解决的工作还有很多呢。如果那时的我开始慌张的话会怎么样呢？

“哎呀！再怎么赶稿，我也写不完啊！而且看起来，要完稿还需要很长时间呢。我的编辑那边已经急得不行，快要发火了。其他的工作也得等着，一想起来就着急啊！哎呀！怎么办啊！一想起这些我真是烦得不行了，紧张得我都不舒服了。头也开始疼了，交稿的时间越拖越久了。哎呀！怎么办啊，怎么办啊……太糟糕了，太难办了，我真想逃走啊……”

当人内心的烦躁难以排解时，很容易陷入焦虑状态。

实际上，我也并不是完全没有以上那些消极想法的。但是没关系，每当我焦虑的时候，我立刻就会用深呼吸的方法调整自己。

首先闭上双眼，把工作的事情暂时放下，深深地做个深呼吸。当我经过深呼吸的调整后，就会觉得："没问题的！事情总会解决的！嗯嗯，接下来该写的内容也在大脑中浮现出来了。"我又可以回归平静，回复到愉悦的状态了。

就是这么简单，你们说是不是啊？正在为家里的子女操劳的妈妈们，已经抚养两个孩子了，可能还要再生老三吧。正在为这些那些担心的妈妈们，请运用深呼吸这个秘密武器来为自己制造平静吧。

你如果要是抚养两个孩子甚至三个孩子，这不是一个轻轻松松就能完成的事情。但是请你不要忘记运用深呼吸的方法，这样不管发生什么事情，都可以让你回复到平静的状态去解决问题。

我就是这样的。只要做了深呼吸，我的心里就会变得安稳许多。面对那些令我不安、不满或者焦虑的事情，我也能够找出解决的方法。就是这样，我将三个孩子养大成人，并且在养育孩子的过程中成功地完成了心理学的学习，和丈夫的关系也非常融洽。我现在仍然用这个方法，每天兴致昂扬地应对繁重的工作。

☆请妈妈不要吝惜为自己花钱

还有一个方法也能让我们的内心平静，这就是让我们的内心更加丰富充实的方法。

这个方法其实特别简单，用一句话就能概括。“妈妈啊，请千万不要吝惜在自己身上花钱啊！”就是这样而已。

你是不是会觉得有点矛盾啊？我之前不是说过要在孩子身上节省一些么，现在又要在自己身上多花点钱，这样是不是有点无视自身家庭经济条件了啊？

可能还真是这样的。如果很“现实”、很严谨的追问起我来，恐怕我还真有点回答不上来呢。但是，道理确实是这样的。

要是孩子多的话，家里的花销确实会很大。因此很多妈妈尽管有时候想给自己添置点什么东西，但是一想到家里的经济状况，往往就会罢手了。

尽管如此，我还是希望所有的妈妈们能先别人一步得到幸福，所以请千万不要再舍不得为自己花一点钱了。

无论是经济条件多么艰苦的时期，各位妈妈要记得，在咖啡厅里坐下喝一杯咖啡的能力还是有的。无论如何，请不要对自己的要求过于苛刻，不舍得让自己花一分钱，请大家带着对自己的爱惜，快乐地度日吧。

如果再有些闲钱的话，大家不妨看一场电影、买一个化妆品、买一本新书，或者给自己添一些时尚的衣服、美丽的配饰等。请各位妈妈们花一点钱，买一些能令自己开心的东西吧。

如果你再富裕一点的话，还可以去旅行，买一些珠宝，参加一些体育活动等；如果能学习一些新的手艺或者本领就更好啦；如果你能够再奢侈一点的话，去美容院做全身的美容理疗也不错啊。

给自己花一点钱，实际上就是不要过分压抑自己的欲望就可以了。

如果妈妈总是舍不得给自己花钱，总是苛刻地压抑着自己的欲望，那么结局会是什么呢？在你还没有意识到的时候，你的孩子们也会变得对自己异常的苛刻，总是压抑自己的欲望。这些对自己苛刻的孩子们，相处起来也会变得生硬刻板，兄弟姐妹之间的关系就会变得恶化。由于你的严苛，会让孩子们以及整个家庭变得“艰难”，充满“烦恼”，这样的恶性循环是难以改变的。

其实只要你试一下就能理解了。如果妈妈能够为了自己内心的愉悦而花一点钱的话，当然也就可以为了让孩子、丈夫能够心怀愉悦，而为大家付出金钱（爱心）了。

“道理虽然是这样的，我还是要考虑为三个孩子将来的教育储蓄啊，最起码在现在这个阶段还是得节省一些才行啊。”

有的妈妈可能还是不能接受。

其实我觉得她们的想法并不正确。我们最重要的并不是将来啊，当下我们内心的丰富和充实才是比任何事情都更重要的。当一天一天积累下来，我们一直充实的内心才会成为将来最宝贵的财富啊。

在本书的前面部分出现的养育了五个孩子的志津

子女士家里，曾经发生过这样戏剧化的故事。

正在上高中的老大发话了：“我啊，打算上大学了。”

志津子夫妇二人诧异地说：“你终于决定了，不过为什么会突然这么想呢?”

夫妇二人互相对视了一下，交换了一下眼神。

他们家里的经济条件并不十分宽裕。不过长女已经决定参加工作了，所以要是只供长男一个人上大学的话应该还能应付得来。但是他们另外还有两个儿子、一个女儿也面临高考了，两口子到底要不要支持长男的决定呢？他们一边想着“还是很想让长男上大学啊”，另一边也暗自苦恼。

但是他们还没来得及苦恼很久，长男已经猜透了父母的心思，于是，他如此向家长宣告：

“没关系的。上大学的事儿我已经研究很久啦。学费的事情我自己能想办法解决，你们只要能给我提供食宿费就可以啦。我啊，已经被爸爸妈妈养育了那么多年，不会再向家里伸手要钱了。”

志津子夫妇二人的眼眶啊，一下子就变得酸酸的、热热的。

“没问题的啊。公立大学都有奖学金的，只要能拿到奖学金我的学费就不用发愁了。我一定能好好学习，拿到奖学金的！”

长女听了他的话，也高兴地开口说道：“要是你缺钱的话，我也能给你赞助点呢。”

机灵的老三也插嘴说道：“姐姐啊，你也给我赞助点吧。我也想上大学啊，我好想过幸福的大学生活呀！”

接下来，老四和老五也先后开口，把自己的希望都告诉给大家。

志津子女士终于能够安心了。孩子们有的想上大学，有的把自己想走的道路也设想好了，她现在对于孩子们有了一些实实在在的认识。就拿老三来说，别看他能说会道的，其实是个非常善良的孩子。这些孩子即使最后没能上大学，也不会因此埋怨父母、埋怨兄妹。

“真不错啊！志津子女士到现在为止，也时常回想起那天孩子们的样子和愿望呢，这是她非常宝贵的回忆。养大了五个这么优秀的孩子真不容易啊！”我不禁感慨。

“要是这么说起来，确实是这样啊。要是说到我自己能够做的事，也只有时时刻刻真诚地对待孩子，以我丰满的身体对孩子们奉献出关爱。”

志津子女士的外形确实稍微有些丰满，但仍不失为一个美女，她带着幸福的微笑这样说着。

☆为了培养出最好的孩子，怎样让爸爸成为育儿助手

我已经差不多写到本书的尾声了，现在也该写一写最重要的丈夫——咱们孩子们的爸爸的事情了。

当孩子越来越多的时候，爸爸的协助可是必不可少的。妈妈对孩子的爱就像泉水一样，绵绵不绝，但很多人不指望爸爸帮忙，甚至会觉得自己的丈夫并不能担任起育儿的任务。这样的话，妈妈们全凭自己努力，最后可能就要很辛苦啦。

在我看到很多妈妈的表现之后，发现很多人都是自己努力应付育儿重任的。妈妈们的潜力，真是让人不得不佩服啊！

但是，要是爸爸能够在育儿的时候提供协助的话就太好了。对于孩子来说，有爸爸陪伴的成长过程也

是最快乐的。如果爸爸协助育儿，夫妻之间的感情也会更加和睦，两个人也能一起培养出更具有爱心、情感更丰富的孩子。

因此，让我来整理一下，为了培养出最好的孩子，我们该怎样做才能让爸爸成为优秀的育儿助手吧。

首先最重要的是，妈妈对爸爸要少些埋怨，多些赞扬和感谢的话语。其实我们对谁都应该这样做，如果成天抱怨着“你怎么这也不干，那个也不干”，那么人家即使心里想帮忙，也被打击得没了热情，变得不愿意帮忙了。

我们发现爸爸虽然表面上总是不帮忙，让干什么不干什么，但偶尔也会不声不响地搭把手。妈妈一定要抓住他偶尔帮忙的时候，赶紧表扬“哎呀！真是多亏了你帮忙啊!”要赶紧对爸爸说感谢的话语，要知道“丈夫总会败在妻子的温柔之下”这可是千古不变的道理哟。

第二点也是很重要的，就是妈妈要时刻保持作为妻子的魅力。当孩子一多的时候，女性们往往会在不知不觉中，将自己端端正正地摆在了“专业主妇”的位置。这样的话，女性就会很容易忘记自己还具有妻

如果妈妈实在分身乏术，可以培养爸爸成为育儿助手。

子的身份、丈夫伴侣的身份。妈妈常常完完全全地抛弃了自己女性的魅力，只认同自己妈妈这个身份。如果我们追本溯源就会知道，其实夫妻之间的关系说到底就是男人和女人的关系。如果我们完全抛开了自己身为女性的魅力，那身为男性的丈夫又怎么会愿意为我们效劳呢？

这并非说丈夫没有诚意，或者说夫妻角色分工有所不同。说到底，男女之间互相通过性的吸引，关系才能长久地维持下去，请各位妈妈尤其要重视这一点。只有这样，才能让夫妻之间的关系更加和睦。

“就算你这么说，我觉得丈夫也没什么魅力了呀。”有的妈妈可能会这么说。那到底该怎么办呢？我们是不是更需要改善这样的状态呢？当妻子施展出自己身为女性的魅力时，丈夫那边也不会再随随便便、不修边幅了。

第三点重要的是，妈妈要信赖丈夫的育儿能力。我们要清楚，对方是男性，可能不会像妈妈一样耐心细致、体察入微。但是这也没有关系的。即使再马虎的父亲，只要是下定了决心照顾孩子，总会想办法做好的。即使爸爸有时候笨手笨脚地犯了错，孩子那边也会尽量帮着照应的。

所以，我们可以试着让爸爸在周末，哪怕只用两三个小时的时间陪陪孩子。当没有妈妈的陪伴，爸爸获得一个人和孩子们的相处时间之后，就会逐渐有了做父亲的觉悟。当爸爸慢慢进入状态后，他也会慢慢体会到育儿的乐趣。

如果我请丈夫帮我照顾孩子的话，他会不会因此不高兴啊？

我觉得不大可能吧。不过如果丈夫确实不乐意，而你也摆出一副我还不乐意的样子，恐怕以后更难让丈夫帮助育儿了。如果丈夫只是有些不情愿，其实也没关系的，不是吗？在这种情况下，妈妈更要使劲忽悠，使劲夸丈夫。在妈妈一通甜言蜜语的忽悠之下，一定会收到好的效果的。

在妈妈施展了一系列的智慧与手段之后，如果丈夫成功地转变成一名优秀的育儿助手，不仅乐于教育子女，更愿意陪伴孩子们的成长，这该是多么幸福、多么快乐的家庭啊！

而对于陪我一起走到本书最后的你，也一定会试着这么做吧。

后　记

其实只生养一个孩子，妈妈就已经很辛苦了。

这是当然的。女孩子在没结婚前，都是自己一个人好好的。结婚后，只需要照料丈夫的饮食起居就好了。忽然之间，一个什么都不懂、什么都不会的小宝贝登场了，他不能照顾自己，所有的事情都要靠妈妈来照料。当然让人很苦恼。

有时候你是不是会这么想：“从此以后，我自由的人生结束了。”孩子的诞生真是件令人不可思议的事情啊！

尽管如此，孩子也是我们人生中无可替代的珍宝，我们可以为他付出全部的生命。这么想来，孩子真是一个无与伦比的存在啊！正因为有这么一个可爱的宝宝，你也成了一位了不起的妈妈。

接下来又有第二个孩子了。这个情况确实让人难以预料。你可能会想着“再要一个孩子的话该更辛苦了，真是的”，但是你又想着为最可爱的宝宝再生一个弟弟或者妹妹吧。不对！其他的麻烦都好解决，你是不是很想体会一下把第二个孩子抱在怀里，让他吸吮你的乳汁的感觉啊。

不管怎么说，恭喜你啦！又有了一个宝宝真棒呀！

两个孩子比一个孩子好，三个孩子比两个孩子好。孩子越多，你作为妈妈的成就感就越大，幸福也就越多。

怎么样，请你好好地享受作为母亲的幸福吧。

可能有时候生活也会很辛苦啊，但是只要看到孩子们爱慕你、渴望你的双眸，再苦再难你也一定有办法解决的。

养育孩子确实有辛苦的地方，但是你可以把那一时的辛苦留在原地。要是老想着好累啊、好难啊，那你的生活就会变得艰难起来。所以当你忙碌完，就把那些艰辛困难都放下，看着你的孩子换一换心情。要知道，你所有的辛苦耕耘，最后都能结出幸福的果实。

一天又一天，一年又一年，当我们经历过这样的日子之后，孩子们就长大了。你一定会很怀念当年的时光呢。

“啊，那时候我每天操劳着抚养孩子，现在想起来，真是我作为母亲最幸福、最充实的时光呢！”

一定会是这样的！

要知道，所有抚养孩子长大的母亲，都会证明我所言不虚的。所以，不用担心啦。

各位妈妈，请把我的祝福带给你最珍爱的孩子们：“你好呀！你真是个可爱的孩子呀。你妈妈把你养得真精神、真棒呀！”

图书在版编目(CIP)数据

日本妈妈的两个孩子养育课／(日)金盛浦子著;王筱敏译.
北京:中国经济出版社,2016.1
(好妈妈跟我学·全球教子智慧系列)
ISBN 978-7-5136-3621-6
Ⅰ.①日… Ⅱ.①金… ②王… Ⅲ.①家庭教育—通俗读物 Ⅳ.①G78-49
中国版本图书馆CIP数据核字(2014)第293916号

著作权合同登记号:01-2015-7739
"KYODAI" NO JYOUZU NA SODATE-KATA

First published in Japan in 2002 by PHP Institute, Inc.
Simplified Chinese translation rights arranged with PHP Institute, Inc.
through CREEK & RIVER CO.,LTD. and CREEK & RIVER SHANGHAI CO., Ltd.

策划编辑　崔姜薇
责任编辑　贾轶杰
责任审读　贺　静
责任印制　马小宾
封面设计　任燕飞装帧设计工作室
插画设计　赵月焱

出版发行　中国经济出版社
印 刷 者　北京科信印刷有限公司
经 销 者　各地新华书店
开　　本　880mm×1230mm　1/32
印　　张　7.375
字　　数　105千字
版　　次　2016年1月第1版
印　　次　2016年4月第2次
定　　价　36.00元
广告经营许可证　京西工商广字第8179号

中国经济出版社 **网址** www.economyph.com **社址** 北京市西城区百万庄北街3号 **邮编** 100037
本版图书如存在印装质量问题,请与本社发行中心联系调换(联系电话:010-68330607)

“好妈妈跟我学·全球教子智慧系列”读者热评

正在踌躇要不要生老二，先学习一下吧。书中的很多观念都很好，让我增强了很多的信心！

——京东读者“jdxiaoyezg”《日本妈妈的两个孩子养育课》★★★★★评价

书里讲了很多两个孩子的家庭在孩子成长中会遇到的各种问题，让我这个即将成为俩宝妈的人对未来有了一些清晰的认识，在心理上做好了准备。

——京东读者“jd138116odw”《日本妈妈的两个孩子养育课》★★★★★评价

书很好，孩子很喜欢，后悔买晚了。

——京东读者“杨836”《日本妈妈的学霸小孩养成课》★★★★★评价

这是我读过的最有用的育儿书，推荐有娃的家庭，读的轻松，方法易上手，有作用。

——京东读者“36z”《日本妈妈的正能量亲密教养课》★★★★★评价

很喜欢日本书的风格，看着心情就能平静很多，内容不错，强烈推荐给大家。

——京东读者“xiaoxiasun6150”《日本妈妈的温柔批评课》★★★★★评价

日本教育理念的确有独到之处，有家长的帮助、好的学习方法、形成好的学习习惯，就一定能取得好的成绩，不是孩子聪不聪明的问题，而是有没有掌握好的学习方法，这本书推荐给其他家长，书里的方法很细致实用，可以教给孩子。它山之石可以攻玉，值得一读！

——当当读者“那样儿”《日本妈妈的学霸小孩养成课》★★★★★评价

买了一套，感觉很实用，有很多平时生活上的小例子，写得蛮好的，刚看了一本，挺受用的。

——当当匿名读者《日本妈妈的超级收纳课》★★★★★评价

日本人太细致，考试前怎么睡觉也专门出书讲解，话说作者还是研究睡眠医学的世家，专业背景很强。安排孩子考前的作息时间值得参考一下这本书！

——当当读者“阿嚏阿嚏”《日本妈妈的科学睡眠法》★★★★★评价